Idea man

Idea man

Idea man

Idea man

日本NHK讀書節目《用100分鐘了解名著》知名製作人

秋満吉彦 Akimitsu Yoshihiko——著

韓宛庭——譯

深讀的技術

「名著」の読み方

每日5分鐘，
運用「A（重要）」、「B（在意）」、「Q（不懂）」技法，
強化知識的學習與吸收，獲得自己獨特的閱讀體驗。

前言

本書的書名為《深讀的技術》（原文直譯：如何閱讀經典名著）。

各位知道星期一晚上在日本NHK教育台播出的電視節目《用一百分鐘了解名著》（原名：100分de名著）嗎？

這個節目專門用最淺顯易懂的方式，為觀眾介紹古往今來舉世聞名的「經典名著」，一集二十五分鐘，共分成四集播出，加起來剛好是一百分鐘。由於播出時段是在平日夜晚，觀眾以上班族居多，也許閱讀本書的人當中，也有人曾經看過這個節目。

我從八年前起（本書二〇二一年在日本出版），便以製作人的身分參與《用一百分鐘了解名著》之節目企劃。

什麼是節目製作人？我想不知道的人應該滿多的，以本節目來說，我的工作是替開會決定好的「名著」尋找適合擔任解說的專家（我們稱為「導讀人」）、決定每集的主題，並寫成企劃。接著，我會把這份企劃交給負責拍攝節目實景的現場導演，並與之溝通，負起節目最終的品管責任——這些就是我主要的工作。

在這樣的分工流程下，我們以一個月介紹一本書的速度來製作節目，為此，我勢必得先大量閱讀。除了當期介紹的作品，其相關書籍、導讀書與導讀老師自己的著作，我都要一起讀過，因此，光是為了做節目所看的書，加起來便將近一千本。

寫到這裡，有些人可能會誤以為我本來就嗜讀如命，事實上，我小時候很討厭看書，直到上國中之前，都不曾好好看完一本書。即便偶爾心血來潮，覺得「好像非讀不可」，往往也難以讀到最後一頁。

那麼，不愛看書的我，究竟是如何變成像今日這般博覽群書，甚至還能寫企劃呢？

本書為你揭開這個祕密，教你屬於我自己一套的「讀書術」——**面對那些第一印象總是艱澀難讀的經典名著，我們該如何下手、如何品味呢？**以下將毫無保留地公開分享。

本書提及的諸多「讀書術」，全是我透過長年的經驗所得出，迄今仍在工作上使用的實用方法，它們一點都不難，**就連平時不習慣翻書的人也能輕鬆運用，從生活的小地方開始落實**。

好不容易拿起一直想讀的經典，但是讀到一半便失去動力；很想把那些經典都讀一讀，但是礙於平日工作繁忙，始終抽不出時間……

如果你有上述情形，請當作被騙，試試我即將分享的方法吧。衷心期盼你也能感受到經典名著所帶來的豐富魅力。

這些想法源於我的自身經驗，從不得其門而入到徜徉書海，我深切體會到「閱讀經典」的魅力及意義。為節目挑選「名著」時，我特別重視作品與「現在」的連結，因此選書方向為：讀完以後能把現代社會的存在方式看得更加透徹清晰，以及當人們遇上問題時，能即時為我們帶來指引的作品。

每一本被稱作「經典」的著作，皆存有超越時代的普世價值，正因為有許多人認為「此書必須傳世」，經典才能通過歲月的考驗，被人一讀再讀、歷久不衰。

儘管書中沒有提供簡單的問答，或是直接告訴你該如何做，但是，我們能從書中學到人類的普遍行為——即人類的本質，藉此以臨危不亂之姿，來面對人生接下來的種種挑戰。我相信，這些收穫會化作堅定的力量，助你跨越難關、從挫折中再次出發。

經典名著的閱讀經驗累積，使我多次在人生當中深感救贖；同時，我深信人生有了經典陪伴，將如一罈美酒，越陳越香。

如果人生不曾有過如此美妙的體驗，就此結束的話，就太可惜了。

哪怕只是多一個人，我也期盼有更多人獲得相同的體驗，於是寫下此書。倘若本書能幫上你，那便是我最開心的事情。

秋滿吉彥

第一章 讀前準備

第二章

弄髒書本

第三章

與書對話

第四章

委身於書

第五章

如何與讀完的書相處

第一章

讀前準備

養成閱讀的習慣

這本也想看，那本也想看。

想歸想，但實在抽不出那麼多時間看書。我想很多人應該都有類似的煩惱吧。

平日工作繁忙，晚上總忍不住打開電視、滑滑手機來打發時間。好不容易來到假日，一樣抽不出時間安靜讀書，回過神來便到了就寢時間。好不容易抓緊時間翻開一本書，但不是內容很難，就是提不起興致讀，最後總是看不完。

對於不習慣閱讀的人來說，尤其如此。光是聽到要「拿起一本書並讀完它」，就會覺得「門檻好高啊」。更別提「經典名著」常給人一種距離感，讀一遍看不懂很正常，讀時更容易感到挫折。

如同我在「前言」所述，從前的我是個不愛看書的小孩，在家的時間不是在看喜歡的卡通節目，就是在看漫畫。

我對文字書毫無興趣，回想起來，唯一有看的文字書只有教科書。

究竟是什麼原因，讓我變得能夠像現在這樣大量閱讀呢？

本章我將回顧自身經驗，**以「讀前準備」當作主題，和大家分享養成閱讀習慣的訣竅。**

「閱讀」的契機和目的沒有任何限制

孩提時代在閱讀方面毫無慧根的我，第一次對「讀書」產生興趣，是在小學六年級的時候。

契機是學校舉辦的「讀書心得比賽」。只是，並不是這場比賽讓我主動寫了讀書心得。當然，我一定在暑假作業裡寫過讀書心得，也提交過類似的作業，但連自己究竟寫過什麼書、有沒有把學校規定的課外讀物看完都不記得。

我只清楚記得一件事：當時班上有位同學參加了讀書心得比賽，拿下了冠軍。

拿下冠軍的女同學，在全校的集會時間，被老師叫上台朗讀比賽得獎的心得。

我記得那是一位文靜、不起眼的女同學。然而，當她站上台的那一刻，瞬間變得威風凜凜，朗讀的心得文筆好得令人訝異，我覺得她突然變得好帥氣。

我甚至清楚記得，那篇心得是學校規定要讀的《安妮日記》（*Het Achterhuis*）。

當時我連這是一本世界名著都不知道，無知地心想「安妮是誰？」，即便如此，同學帥氣朗讀的身影依然令我崇拜不已，覺得「原來她這麼厲害，好酷喔！」，接著，一個想法掠過腦海。

「仔細想想，我都沒有在看書。」

「我的國語成績也很差，這樣下去是不是不太妙？」

產生這個想法後，我變得坐立難安，放學後直奔回家。

我一路跑上二樓，目標是爸爸的房間。因為我從未自己買過書，家人也沒帶我去過書店，所以我並未聯想到「書店有賣書」，只是單純覺得，「有書的地方」應該是愛看書的爸爸的房間。

我在壁櫥裡找到爸爸的書架，上面整齊地排放著文庫本（回想起來，其中收了一套《日本文學全集》，父親的藏書相當豐富啊）。

我盯著書背老半天，最後抽出了兩本書。

一本是海明威（Ernest Miller Hemingway）的《老人與海》（*The Old Man and the Sea*），一本是卡夫卡（Franz Kafka）的《變形記》（*Die Verwandlung*）。

說來可恥，我會挑選這兩本，純粹是因為**「太厚的書看不下去，先挑薄的來讀吧」**。

接著，我馬上開始讀這兩本書。先說結論，當年我沒能把《老人與海》看完。

大家應該知道，故事的主人翁是一位年邁的漁夫，開頭則是「連續出海好幾天，連一條魚也沒釣到」。事實上，我出生於一個靠海的鄉村小鎮，平時常常能看見漁夫，因此，上面提到的內容對我來說有如日常光景，我努力撐著，把書看到一半，就覺得「好無聊喔！都沒寫什麼特別的東西啊！」，就此把書闔上。

回想起來，我真為自己當時的傲慢所汗顏。長大之後仔細重讀《老人與海》，我才發現這是一部具有深度、越讀越有味道的文學作品。

另一方面，《變形記》則是從翻開便挑起我的興趣。

這部小說在開頭提到，主人翁一早醒來，「發現自己變成一隻巨大的蟲子」。怎麼回事呢？我一邊感到訝異，一邊想知道是怎麼回事，於是一頁接著一頁地翻下去，這個故事從開頭便抓住我的心。

話雖如此，閱讀的過程卻沒有想像中順利。這本書現在出了相當好讀的譯本，但在當年，我讀的是通篇直譯、文字比較硬的舊譯本，因此有許多地方無法立刻看懂，猶記當時讀得很痛苦。

結果，我直到上國中才有耐心把書讀完。

即使讀的速度相當緩慢，完全無法跟現在相比，我仍產生了一種危機意識——「倘若連這麼薄的書都讀不完，我大概一輩子都不會看書了」，並耐著性子讀到最後一頁。

以上就是我人生的初次「閱讀」體驗。

為了努力把書看完，我用自己的方式找出了幾個「讀書術」。

從「一日五分鐘」開始

我做的第一個決定，就是**「一天至少騰出五分鐘看書」**。

上國中以後，不僅課業變得繁忙，我也想和同學出去玩，除了看書之外還有很多事情想做。因此，就算我想靜靜坐下，花個數十分鐘看書，實際上也擠不出時間。

不過，直覺告訴我：**如果一天二十四小時裡，稍稍撥個五分鐘出來，似乎可行？**

於是，我想到了學校的午休時間。當時只要天氣允許，我每天都會利用午休時間和同學一起打棒球。

我決定比大家更早吃完營養午餐，前往位在校園角落樹蔭下的祕密基地，趁著大家吃完午餐集合前的五分鐘，**把書翻開，讀個一、兩頁**。**因為只有五分鐘，可以輕鬆騰出時間，同時也能保持專注**。

「總之，每天這固定五分鐘的時間，我都要用來看書。」下定決心後，我自然養成了吃完午餐便去樹蔭下看書的習慣。

把「每日五分鐘」化作日常

事實上，這個「只讀五分鐘也沒關係」的作法，我現在仍活用於日常當中。

自從擔起《用一百分鐘了解名著》的節目製作，我每個月都必須大量閱讀，才能擬定節目企劃，回過神來，手上的待讀書單幾乎都跟工作有關。

一天，我告訴自己，不能這樣下去，否則視野會變狹窄，我也要好好讀讀自己想看的書才行。問題是，每天光是工作就忙不過來，實在找不出時間好好看書。

此時，我突然想起國中時讀《變形記》的經驗。

「對了，『每日五分鐘』！」

發現之後，我開始善用**通勤時間和泡澡時間**，一天騰出至少五分鐘，讀點跟工作不相關的作品。

當時，我選了馬塞爾・普魯斯特（Marcel Proust）的《追憶似水年華》（*À la recherche du temps perdu*）。這是一部舉世皆知的世界名著，同時也是金氏世界紀錄認定的「世界上最長的小說」，我一直很想找機會讀讀看，但之前總是不小心中途放棄。

這次，我重新建立「每日五分鐘」的心態，想不到讀起來意外地順利。

儘管此時此刻，我尚未把整套書讀完，但讀時不如先前挫折，感覺「只要按照步調讀下去，就能輕鬆讀完」。

當然，我也有行程太滿，當天實在無法看書的時候，即使如此也沒關係。

重要的是**建立「一日讀五分鐘」的心態**。

這邊建議大家，**把「每天的必做事項」跟閱讀串在一起**。我自己是利用通勤和泡澡，其他像是撥出吃飯或刷牙等瑣碎時間也很好。

如果每天都要茫然思索「今天要挑什麼時間？」，最後很容易忘記，或是往後延。不過，**只要固定「在某某時間看書」，就絕對不會忘**。

比方說，一坐上電車就把書拿出來、吃完午餐利用五分鐘看書、固定在刷牙前看書，決定之後，時間到了就能靈活切換。

突然設定要讀一小時或是數十頁，的確很難達成，五分鐘的話就很簡單。累積久了，你就會發現：「咦？我已經快讀完啦？」

名著《默默》給我的啟示

兒童文學名著《默默》（*Momo*）裡有一個經典段落。

故事主人翁是一位名叫默默的女孩，她跟她的清道夫朋友白伯有過一段談話，當時白伯這樣跟她說：

「我負責過一條很長的路，那條路實在太長，我曾心想，這樣下去沒有掃完的一天。」[1]

為了早點結束工作，白伯加快速度，時不時抬頭確認前方道路，但是無論怎麼掃，剩下的路都似乎沒有減少。

如果只注視遙遠的終點，就會因為剩下的路途太長而心生挫折。所以，白伯這樣告訴她：

「我們不能一次考慮整條路，知道嗎？要想的只有眼前的一步、下一次的呼吸，以及下一次揮動掃把。永遠都只是下一次而已。」[2]

要看的不是前方，而是眼前的「下一次呼吸」、「下一次揮動掃把」，只要專注於眼前的下一步，過程就會變得輕鬆許多；心情輕鬆，工作效率自然好，這是很重要的道理。

除此之外，白伯還說了：

「等你回過神來，會發現一步步前進的路都掃完了，你連自己是如何辦到的都不知道，甚至覺得輕而易舉。」[3]

閱讀也是如此，要是一直數剩下來的頁數，心想「怎麼還剩這麼多」，只會讓自己先內心受挫，覺得「我不可能看完」。

但是，**只要每天集中注意力讀五分鐘**、**讀時只想著當頁的內容**，**就會發現意外地簡單**。某天當你回過神來，會發現自己竟然讀了這麼多頁。

不僅如此，也許你會越讀越開心，時間從五分鐘加長到十分鐘，再從十分鐘加長到二十分鐘，等到那個時候，讀書這件事已經難不倒你了。

二十四小時裡的短短五分鐘。如此一來，無論生活再怎麼忙碌，也必定能擠出時間。養成閱讀習慣的第一步，就是從一天當中的任一時段，找出「五分鐘的閱讀時間」。

為書命名，與書對話／

但是，即使能夠每天堅持「讀五分鐘」，這件事對國中時挑中《變形記》的我來說一樣不輕鬆。

證據就是，我是因為看這本書很薄才挑中它，但是從真正開始讀到讀完整本書，竟然就花了將近半年的時間。

最痛苦的莫過於，我無法對故事的主角產生共鳴。

我的確被「主角早上醒來變成蟲子」的開場方式吸引，卻不知道接下來會如何發展。明明身體變成了蟲子，眼前還能看到自己長了許多腳在動來動去，為何主角卻能冷靜地想著：「我得趕快換衣服去公司上班，可是爬不起來，怎麼辦？」這太奇怪了吧……。

儘管後來讀著讀著漸漸讀出了趣味，不過剛開始讀時，我其實感到一頭霧水。主角為何是這種反應？「變成蟲子」具有什麼意義？無法理解的地方實在太多，讀著容易消極心想：「我何苦給自己找罪受？」「這是很有名的世界名著，大家都說好看，只有我看不懂嗎？」

一旦產生這種想法，就連本來下定決心的「每日五分鐘」都會變成一種負擔。我完全不在意故事會如何發展，當然沒有動力讀下去。

取了名字，書就會變成朋友

於是，我想到的解決辦法就是**「替書取名字」**。你可能會想「什麼意思？」，就是字面上的意思。

當時我讀的《變形記》，是封面印著作者卡夫卡大頭照片的版本，所以我把它命名為「卡夫卡君」。我把這本「卡夫卡君」塞進立領制服的外套口袋，片刻不離地帶在身上。

午休時間，我一定會把「卡夫卡君」從口袋裡拿出來，像朋友般跟它打招呼。有時我會說「馬上來讀！」，有時也會說「抱歉，今天沒心情跟你說話，我想打棒球」。

不過，**就連「提不起勁讀」的日子，我也一定會把「卡夫卡君」拿出來、摸摸它、打開書頁和它說一聲**。

「這本書已經是我的朋友了，就算有時沒心情跟它聊天，但在讀完之前，我絕對不會和它絕交。」

這個想法使我如釋重負，即使進度緩慢，我也沒有因此中途放棄，成功和「卡夫卡君」交往了半年時間。

名著《安妮日記》給我的啟示

為書命名的靈感，來自成為我閱讀契機的《安妮日記》。

如同各位所知，這是一本遭受納粹迫害、最後被關進集中營殞命的猶太少女，以日記的方式留下的作品，少女在開頭寫著：

> 這本日記簿是我心靈上的朋友，從今以後，我要把這位朋友稱作吉蒂。[4]

接下來的每一篇日記，幾乎都以「給親愛的吉蒂」一行字開頭。

住在不見天日的密室裡，躲避納粹追捕的安妮，身邊沒有同年齡的朋友，這本日記就是她唯一的好友。同時，我也認為安妮藉由替日記命名、把它稱之為「朋友」的方式，來讓自己養成「持續寫日記」的習慣。

同樣地，也因為**我把「卡夫卡君」當成朋友，每天習慣和它說說話，才能夠把「閱讀」的行為化作日常並延續下去。**

「讀不下去時」就當成遊戲，莫忘玩心

有些人也許會想：「替書命名、跟書說話太幼稚了，成年人做不到。」

實際上，這種「遊玩」的手法叫做「遊戲化」（Gamification），經常運用在商業領域，作法是在任務中添加遊戲元素，藉此提升讀書及工作效率，並且找到幹勁。

以下分享一個有趣的例子，這是活躍於插畫、漫畫及散文等多方領域的圖畫作家——三浦純告訴我的。

長年以來，三浦先生都對「孝順父母」這件事有所抵抗。

聽說原因出自他認為「孝順不像我會做的事」。

但在某一天，三浦先生靈光一閃：「我就當成自己正在玩『孝順遊戲』吧！」突然之間，他就能夠毫無顧忌地為父親搥背了。三浦先生說，他之前一直認為「我孝順很奇怪」，原來只要稍稍改變想法，把它當成一場遊戲，就不再感到尷尬了。

同樣地，**只要用輕鬆的心情告訴自己「這是遊戲啦！」、「我只是在解遊戲任務」，許多事情就能維持步調地走下去**。

一旦把讀書「當成義務」，心情就會變得很沉重，容易中途放棄。

我不是說，非得「為書命名」或是「跟書對話」不可，而是希望你富有玩心地鼓勵自己「很好，今天也成功在通勤時間看書了」、「讀到這裡應該升級了」，善用「遊戲化」的技巧，把閱讀當成「一種好玩的遊戲」，會更容易持之以恆。

找出「覺得有趣的部分」並學會珍惜

為了讀完《變形記》，我在國中時還想到了另一個辦法。

那就是**「不管是多小的事情，找出自己覺得有趣、有可能感興趣的部分」**。

《變形記》本來就是一本被冠上「荒誕小說」之名的作品，有許多地方讀了也看不懂。對當時的我來說，完全不能理解登場人物究竟想要說什麼、為什麼要這麼做。

「這種書讀完也沒意義吧？」、「乾脆不要讀了」——這些念頭一再出現在我的腦海。

然而，隨著我慢慢讀下去，開始能在一些荒謬的地方「噗」地笑出來，心想：

「這傢伙在搞什麼啊？」

例如我先前提過的場景：變成蟲子的主角葛雷高急著要去上班，焦急地心想「我必須搭上幾點幾分的電車」，明明眼前的問題不是這個，他又接著擔心「就算搭上下一班車，我也會因為遲到而被老闆罵」，讀著讀著，我開始感到好氣又好笑。

又或者是葛雷高吃飯的場景，此時人類一般吃的食物再也無法挑起他的食慾，妹妹為他帶來各種吃剩的飯菜，他經過了一番嘗試，認為吃起來最美味的東西是腐壞的蔬菜及變質的起司。葛雷高喀吱喀吱地啃著這些東西，為此陶醉不已。由葛雷高第一人稱所描寫的進食場景，讀來其實頗有樂趣。

只要**多多關注這些有趣的小地方，就能延續閱讀的意願，一點一滴慢慢前進。**

後來，直到我讀了《法布爾昆蟲記》（*Souvenirs Entomologiques*）之後，竟意外發現：「原來我讀《變形記》的方式，就類似法布爾（Jean Henri Fabre）在做的事情啊！」

名著《法布爾昆蟲記》給我的啟示

《法布爾昆蟲記》把昆蟲世界的魅力描寫得淋漓盡致，深受全世界的孩子所喜愛，但實際上，法布爾並不是專門的昆蟲學者。

不僅如此，法布爾自幼與父母分開，過著清貧的生活，有時窮到連當日果腹用的麵包都買不起；長大成人之後，嘗試過各種職業以求得溫飽，對昆蟲的熱情卻從未減少，是在學術圈外持續研究的人。

《法布爾昆蟲記》裡有個段落提及他的清寒生活，但隨之而來的，是他初次邂逅某種美麗昆蟲的滔滔熱情。

> 我以為在如此艱困的環境裡，我對昆蟲的愛也會因而磨損，結果竟一絲不減（中略）。
>
> 牠張著恰似羽毛的華麗觸角、在褐色的土地上優雅灑落的白色斑點，猶如射入清貧日子當中的一道光，為我照亮黑暗。[5]

事實上，我看過法布爾說的這種金龜子，老實說，不是那麼漂亮的昆蟲。然而在法布爾眼裡，牠就是如此美麗的昆蟲。無論日子過得再怎麼苦，他都能專注於最愛的昆蟲身上所擁有的一絲美麗及一絲可愛，以此化作動力，獨自一人持續不懈地觀察昆蟲，最終交出了連一流學者都嘆為觀止的研究成果。

我相當敬佩法布爾的人生態度。

同樣地，**就算是乍看艱澀難懂、讀起來毫無樂趣的書籍，我們也能從中找到「這邊還不錯啦」、「啊，讓人好在意」、「這段滿有趣的」的部分。**

接著，懷著珍惜的心情，看待這些小小的段落，鞭策自己「繼續讀下去，應該還有其他看頭」，如此一來便能順利前進。

重視第一個吸引你的地方

除了吸引你的地方，**如果書中有富有魅力的人物登場，關注著該人物的動向一邊讀**，也是個不錯的作法。

我在讀俄國作家杜斯妥也夫斯基（Fyodor Dostoyevsky）的大長篇《卡拉馬助夫兄弟們》（*The Brothers Karamazov*）時，曾經三度放棄；第四次能夠順利讀完，全多虧我開始在意起一個叫「格魯申卡」（Grushenka）的女性角色。

格魯申卡是一位風情萬種的美女，但是並非故事裡的主要角色，我因為好奇「她接下來會怎麼樣？」而讀了下去。

如果是哲學書或思想書，由於不像小說一樣，有虛構人物可以玩味，不妨**先去了解作者本人**。

作者是怎樣的人？基於怎樣的背景寫下了這本書呢？知道以後，你也許就會對書籍產生好奇心，想要繼續往下讀。

我讀過高中的公民社會課本提過的法國哲學家——沙特（Jean-Paul Sartre）的書，老實說，內容太難了，起初我完全看不懂，最後之所以能把書看完，純粹是因為想要多了解沙特這號人物。

沙特並未關在自己的象牙塔裡，選擇在社會上勇敢發聲，影響了輿論的看法。我在課堂上學到他的人生態度，心裡覺得「好酷！我想多知道一點」。

因此，如果是**哲學書或思想書**，**我會建議：不妨從導讀書和入門書開始讀**。網路上容易出現錯誤資訊、造成混淆，比較好的作法是先用網路掌握大致的方向，再去尋找口碑良好的導讀書，以此作為踏腳石。

給想挑戰困難哲學書的人的建議

被稱作「經典名著」的書裡，還存在著「一般人」難以讀透的學術型哲學書。具體舉出書名的話，就像是康德（Immanuel Kant）的《純粹理性批判》（*Kritik der reinen Vernunft*）、黑格爾（G. W. F. Hegel）的《精神現象學》（*Phänomenologie des Geistes*），或是比較近代一點的海德格（Martin Heidegger）的《存在與時間》（*Sein und Zeit*）等。

這些書無論問誰，都是不容置疑的「經典」，但若沒有接受過一定程度的學術訓練，想要理解實在不容易，裡面不只有哲學的專門術語和表達方式，還用理論來建構哲學概念，不先具備基本的哲學史觀，實在難以應對。應該說，那些「有點難度的哲學書」，從根本上就跟一般的書籍不同。

要我比喻的話，情況類似非科學、數學研究家的一般人士，突然觸碰到該領域的學術專書，裡頭出現大量公式和定律，要以專家應該都知道的前提下來進行解題。這種書通常只有專業人士會去讀，一般人沒事不會碰。

我想，對於從未接觸過哲學書的讀者來說，突然挑戰康德和黑格爾，也是類似的感覺。

相對地，有許多以自然科學為主題的科普書——就像本書前面也提到過的《法布爾昆蟲記》，即使不具備專業知識，也能充分享受閱讀樂趣。同樣地，也有很多哲學書儘管略有難度，但只要慢慢花時間就能讀完。本書特別在書末列了一張「經典書單」，裡面都是這類書籍，給讀者作為選書的參考。

但是，就算是那些門檻高的「哲學專書」，沒學過哲學的人去讀，依然有它的意義在。

能夠淵遠流傳、成為「經典」的書籍，一定具有獨到的魅力。既然康德和黑格爾的著作經得起時代考驗、被人一讀再讀，其中一定蘊藏著足以改變人生的力量。因此，儘管我不會「輕易推薦」別人去讀，不過若有讀者想要挑戰看看他們的書，我非但不會反對，還會告訴你「請一定要試試看」。也許會消耗勞力及時間，但不可能毫無收穫。

如果有人想要挑戰困難的哲學專書，如同先前所提到的，不妨先找相關的入門書或導讀書來讀，應該會是不錯的敲門磚。

先從導讀書裡引用的文字段落開始讀，能幫助你更容易進入狀況。

面對可能「難到讀不下去」的書籍時，尋求其他導引，能為你開啟一扇大門。

第一次挑選經典，可從「能看完的」與「新鮮的」下手

來到第一章尾聲，我們來談談如何「選書」吧。推薦新手的經典書單，以及推薦的原因，我已放在書末的書單裡，歡迎大家參考。

第一本名著該如何挑選？答案很簡單，請從**「薄的下手」**。

我在小學的時候，也單純因為「薄的比較容易看完」而選了《變形記》，我認為這並不完全是個錯誤決定。一來是因為：篇幅輕薄短小、深度卻不輸大部頭的名著相當地多，二來則是因為突然挑戰長篇作品，很可能因為讀不完而心生退意，簡直賠了夫人又折兵。

我的建議是，先選擇輕薄的作品，藉由「成功讀完它」來獲得成就感和自信

心。

除此之外，還有什麼選書指標？

我認為可以多多重視**「口碑」**。

你可能會立刻想到「上網查書評」，但我建議的方式偏向：先去聽聽身邊那些「書蟲」怎麼說。

無關類別，職場和學校裡一定有幾個「愛看書的傢伙」，我們沒道理不去向他們請益。

閱讀經驗豐富的人，各個都是推書高手，能用敏銳的直覺告訴你：「你應該適合這本書喔。」

有了第一本書當作開始，接下來就能從相關的類別裡去擴充更多書單。

這也是我自己的經驗分享，有太多讓我印象深刻的書，都不是我自己選的，而是別人推薦我讀的。

名著《活出意義來》給我的啟示

舉例來說，我在研究所時期遇到一本對我產生重大影響的書籍，那本書是維克多・弗蘭克（Viktor Frankl）寫的《活出意義來》（*Man's Search for Meaning*），是研究室的學弟推薦我讀的。

當時，我是一位煩惱未來方向的碩二生，心裡雖然有點想繼續攻讀博士，卻提不起勇氣跟父母說，對於求學的意志也沒有堅定到能夠一邊工作賺錢一邊讀。所以要去上班嗎？老實說我也提不起勁，可是身邊的人已經開始討論求職問題……就在我悶悶不樂時，一位學弟跟我說：「學長，你如果覺得心煩，要不要讀讀看這本書呢？」他亮給我看的，就是這本《活出意義來》。

當年的我還有點自視甚高，幾乎不讀別人推薦的書，然而，學弟以極為認真的表情推薦我讀，使我覺得「非讀不可」。於是，我去圖書館借了這本書、讀了起來。

這是一本被關入納粹集中營的猶太人精神科醫師所寫下的手記，內容相當沉重痛苦。

但是讀著讀著，我也因為「原來人處在極限狀態下，還能活得這麼像一個人啊！」而大為震撼。這些人被關在隨時可能失去明天的集中營裡，卻能欣賞美麗的夕陽、盡情享受音樂。

其中最令我印象深刻的，是兩名想自殺的囚犯找弗蘭克談話的場景。面對兩名感嘆「無法在如此絕望的處境中活下去」的人，弗蘭克問了一個問題：

「有沒有人在等你回家？或者，有沒有什麼事情還等著你去完成？」

兩名囚犯如此回答：

「有，我的孩子現在逃到了外國，為了孩子，我不能死。」

「我還有論文沒寫完，在我寫完之前都不能死。」

最後，兩人停止了自殺的念頭。

弗蘭克丟出的問題很簡單，其中涵蓋了他的核心思想。

他在書中如此寫道：

我們要做的不是向人生意義提問，而是把自己置換成被提問的人。[6]

讀到這句話之後，我的腦袋也產生了一百八十度大轉變，**彷彿弗蘭克本人就在我眼前，向我提出問題**。

內容是：「你總是毫無建設地思考自己想做什麼、想成為什麼人，不如換個方向——思考別人需要你做什麼，如何？」

我宛如醍醐灌頂，決定馬上實行。

具體來說，我到處去問了一輪，請教我信賴的師長：「人們需要我做什麼？你們認為我適合什麼方向呢？」結果大家一致回答：「秋滿，你善於傾聽、統整得到的資訊，並且告訴更多人。」

在此之前，我總想要「表現自我」，所以想過要當學者，或是小說家，從來沒想過「傾聽」這件事，回想了一下，之前的確有幾個人對我說過類似的話。

於是，我選擇投身媒體產業並走到今日，契機就是學弟推薦我讀的一本書。如果要我自己想，我一定不會想到要讀《活出意義來》，也不會遇到現在這份工作良緣。

我想有些讀者應該也跟從前的我一樣，「不太願意讀別人推薦的書單」，此時不妨換個角度思考：**不要把選擇權緊緊握在自己手裡，如此一來，你才有機會邂逅意想不到的書籍，遇見嶄新的啟示及可能的線索。**

珍惜在圖書館與書店的「偶然相遇」／

如同前篇主題，想要獲得嶄新的契機，還有另一個巧妙的「選書法」，那就是**珍惜在圖書館與書店的「偶然相遇」**。

現在盛行網路書店和電子書，我自己也經常使用。網路可以用關鍵字去搜尋書籍，這點真的相當方便，缺點是：無法像在實體書店或圖書館時一樣，在書架前來回走動、慢慢掃視每一本書背。演算法資料庫總是會推薦相似性很高的書給你。

如果光是仰賴網路，你接觸到的書籍種類也會限縮，再也無法遇到意料之外的書籍。

所以，偶爾不妨出門逛逛，尋求偶然的相遇。**邂逅一本你自己意想不到的書籍，很可能為你帶來莫大的意義。**

名著《甘地：來自獄中的信》給我的啟示

以我自己的情形來舉例，印度政治領袖——聖雄甘地（Mohandas Karamchand Gandhi）的《甘地：來自獄中的信》（*From Yeravda Mandir*, 暫譯）就是這樣一本書。

這是我在四十五歲左右遇到的事情。當時，我出於興趣舉辦的讀書會社團發生了一點爭執。一位成員——在此簡稱A，向身為主辦人的我抗議，指責我哪裡說得不好、做得不對，整個讀書會的氣氛變得很僵，我也心想「那就乾脆不要辦了」。約莫那個時期，我偶然走進書店，突然注意到了《甘地：來自獄中的信》。

這是甘地在入獄時期寫給學生的書信集，也是甘地的主要著作之一。

我雖然知道這本書，但由於日本長年沒有翻譯出版，所以沒機會讀。「原來出了譯本啊，我都不知道。」於是，我把這本書買回家、翻開來讀，看到了以下的句子：

人們越是訴諸暴力，離真理越遙遠。因為，當我們與外部的假想敵戰鬥時，往往會忘記自己內部的敵人。[7]

使用暴力的言語指責別人，別人當然不會傾聽，請先面對潛藏在自己心中的敵人——

這不就是在說我現在遇到的情形嗎？我吃了一驚，彷彿甘地這封信是寫給我的。

我也因為忙著和A這個「假想敵」戰鬥，而忘了藏在自己心中的敵人。我深深反省，並重新思考自己與A的關係。

然後，我終於發現，當我被A批評之後，心情會如此惡劣，原因出自心中的敵人。還有，如果讀書會的氣氛變差，原因是我對A做了不必要的攻擊，以及我的專斷獨行。行思至此，我決定好好面對A的質疑。

剛好稍後就要舉行讀書會，A的意見被其他成員一致反駁。換作從前的我，恐怕會跟著別人一起批評A吧，然而當時我選擇站出來擁護他，告訴大家：「不，A說的話也有道理。」

我們的關係就是從這一刻開始轉變。

在後續的聚會裡，A主動找我說「謝謝你這次支持我」，我們聊了很多話，和彼此和解。

如果當時沒有讀到《甘地：來自獄中的信》，我可能會因此錯失和A和解的機會。

坦率遵從「召喚你的書」

從今以後，每當我在人際關係上遇到衝突，都會想起書中那句——「人們越是訴諸暴力，離真理越遙遠。因為，當我們與外部的假想敵戰鬥時，往往會忘記自己內部的敵人」。

我很感謝當時遇到了那本書，我想，這應該就是**「被召喚了」**吧。

腦科學專家茂木健一郎也曾說過，自己從小學五年級就很愛讀《清秀佳人》（*Anne of Green Gables*），與這本書相遇，就像是**「被召喚了」**。

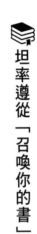

茂木先生說，他在圖書館發現這本書時，書背看起來像在對他閃閃發光。讀了之後，他完全迷上書中這位「紅髮安妮」，後來還坐飛機去了加拿大愛德華王子島，走訪故事舞台。

不僅如此，由於他偶然和別人提到「我其實很喜歡清秀佳人」，後來還出了一本相關著作；我的節目《用一百分鐘了解名著》輪到介紹《清秀佳人》時，我也邀請他來當這本書的導讀人。

如同茂木先生的經歷，**與書偶然相遇，有時也會獲得意外的機會，藉此大幅改變人生經驗**。

而促成這段良緣的地方，就是圖書館和書店。

圖書館的優點，書店的優點

圖書館和書店各有各的優點。

圖書館的最大優勢就是龐大的藏書量，以及市面上買不到的絕版書，在這裡可以找到書店沒有的書，是其一大魅力。

除此之外，圖書館也有「主題書展」，有館員配合主題為民眾選書。

另一方面，書店——尤其是小書店，充滿了那家店才有的獨特魅力，逛起來相當有樂趣。

書的分類也不像圖書館那麼死板，可以看出店員的個性和堅持。

比方說，我很喜歡京都的一家書店「惠文社一乘寺店」。每次逛這家書店，我在內心都有許多聲音，像是「這本書和那本書原來有這個共同點啊」、「原來這位作家可以分到這一區啊」等等。

我常在這裡找到自己絕對想不到的書籍，為節目企劃帶來靈感。習慣之後，每次逛書店，我都能發揮第六感，迅速發掘自己需要的書籍。

然後，如同先前提過的「口碑」，與書店店員和圖書館員混熟之後，他們也有可能為你挑書。

他們都是基於對書的熱情而從事這份工作，與他們交友，有更高的機會邂逅意想不到的好書。

專欄 向書請益 1

「如何培養決策力」
——蒙哥馬利《清秀佳人》

就當作是小歇一口氣，我會在每章章末分享名著教我的寶貴知識。

在我三十五歲左右、還在長崎電視台上班時，終於完整地讀完長篇小說《清秀佳人》。當時我被交派的節目內容都比較硬，工作吃重，我甚至忙到沒有空閒看書。

即便如此，我仍在別人的推薦下拿起這本書，翻開之後覺得相當好看。因此，我應用了本章教的「卡夫卡君命名技巧」，不用義務感逼迫自己去讀，而是採用「今天也要去見小安妮」的心情，養成每天打開書本一次的習慣。

一日十五分鐘的通勤時間，是我固定翻開書本的時光，正好符合本章教你的少量閱讀法。

書裡最讓我感動的橋段是故事尾聲，安妮放棄去讀夢寐以求的大學，決定和養育她的瑪莉拉住在一起。瑪莉拉不希望安妮因為自己而放棄夢想，安妮這樣回她：

「我還是跟從前一樣擁有夢想呀，只是夢想的模樣改變了而已。」[8]

事實上，我小時候讀的是精簡版的譯本，還記得當時讀到最後，懊惱地心想「為什麼要放棄呢？」，直到年紀比較大了重新讀過，才發現結尾竟如此感動。所謂的「決斷」，同時意味著要放棄什麼。

人不可能這個也想要、那個也想要，必須好好思考，什麼才是當下最好的選擇、做出決定，並且把其他東西坦然放掉。

安妮也是考量到各種情形，最後決定「我不去讀大學」。對她來說，瑪莉拉是考量的基準，為了抓住基準、不留下遺憾，我認為她做了最好的選擇。

讀這本書時，我正因為無法調去嚮往的部門，對工作產生諸多怨懟。讀完之後，我才明白，不能因為凡事無法盡如人意而自暴自棄，我應該好好接住自己現在被賦予的條件，想想我還能多做些什麼，把眼下的工作做到最好，才是最要緊的事。

在此之後，我又接下了一個大型節目的製作企劃案，我必須坦言，我其實不太想接那份工作。換作從前，我會覺得「自己被耍弄了」，自從讀完《清秀佳人》，我改變了想法，認為「這正是我能好好發揮使命和所長的舞台」，最後做出了連我自己都感到訝異的成果。

這個經驗，決定了我現在的原點。

當我必須做決定時，我該做的不是自私自利，而是盡量為別人出一份力，選擇讓更多人圓滿的選項。這也是我對工作的基本要求。

我相信任何人在工作上都會遇到被交付重任、無論自己想不想做，都必須擔起責任的情形。

這時候，《清秀佳人》為我帶來鼓勵。

許多人可能會覺得「這是適合女孩子看的書吧？」，和性別沒關係，我希望在社會前線工作的人，都能看看這本書，從中思考何謂「決斷力」？何謂「對他人負責」。

第一章　引用書目一覽

1. 『モモ』（Michael Ende著、大島かおり譯、岩波少年文庫、P52）
2. 同上、P53
3. 同上、P53
4. 『アンネの日記　増補新訂版』（Anne Frank著、深町眞理子譯、文春文庫、P24）
5. 『完譯 ファーブル昆虫記　第6巻　上』（Jean Henri Fabre著、奥本大三郎譯、集英社、P118）
6. 『夜と霧』（Viktor Frankl著、霜山徳爾譯、みすず書房、P183）
7. 『ガンディー　獄中からの手紙』（Mohandas Karamchand Gandhi著、森本達雄譯、岩波文庫、P19）
8. 『赤毛のアン』（Lucy Maud Montgomery著、村岡花子譯、新潮文庫、P516）

※本書皆從作者摘錄的日文版段落進行翻譯，僅考證名詞，未使用任何中文版譯本。

第二章

弄髒書本

把書弄髒，成為「自己的書」

我在第一章分享了讀前應該如何準備、如何找出時間看書（從一日五分鐘開始落實），以及如何養成閱讀習慣（為書命名）。

本章起將要正式介紹：當你實際翻開名著，發現「好難啊」的時候，有什麼好方法能幫助你順利讀下去。以下全是我自己在用的方法。

先說結論，我的「方法」就是**「把書弄髒」**。

當你在書中讀到在意的部分，或是不明白的地方，請拿出筆來，直接在書上劃線、劃圈，以及寫字。

許多人應該對於「把書弄髒」會有所抵抗，我的太太也是，每次她看見我在書上振筆疾書，都會不敢置信地唸我：「又把書本弄得這麼髒！」

然而，遇上整頁滿滿都是字的書籍，若是能在書上寫字、劃線，將有效幫助讀者釐清哪些部分對你來說很重要，在日後重讀時，也能提升效率。

更重要的是，這本書將會成為世界上唯一一本「屬於你的書」，使人產生依戀之心，在許久以後的將來，成為自己寶貴的資產。

韓裔作家金正勳曾在《一生難忘的閱讀》（一生忘れない読書，暫譯）中寫道，身為作者，最開心的莫過於看到讀者拿著寫滿註記、讀到破破爛爛的書來聽演講，我對此深感共鳴，同時也覺得被鼓勵了。

他說，自己也習慣一邊讀、一邊在書上寫字，這就像是一種「與作者合著的體驗」，非常推薦大家試試看，我聽了相當感動。

如果你對於「把書弄髒」有所顧慮，不妨換個角度思考——這是在**「與作者合著一本書」**，也許就能改變想法。

怎麼讀、怎麼想請先「保留」

我第一次嘗試「弄髒的書本」，就是第一章初次挑戰閱讀的《變形記》。我在做的當下，並沒有思考該怎麼讀，只是反射性地把看不懂的地方及在意的地方劃線、做記號，之後也一直維持這個習慣。

這幾乎是下意識的行為，直到我上大學、讀了哲學書以後，才有意識地將之化作技巧。

契機是一本為了寫報告而看的書——列寧的《哲學筆記》（*Lenin Collected Works*, 暫譯），這同樣是學長姊推薦我看的。在此之前，我對列寧的印象不是太好，所以沒有特別去找他的著作來看，想不到實際一讀，內容意外地有趣。

原來書裡寫的不是列寧自己的創作，而是黑格爾和亞里斯多德等知名哲學家的著作書摘。聽說列寧流亡歐洲的時代，沒有自己的書房，於是頻繁地跑圖書館，把內容抄在筆記本上。

有趣的是，**書中完整重現了列寧的手寫註記和劃線記號**。

許多句子被劃了兩條線，或是圈起來，旁邊寫上「要注意」、「很棒」、「這裡很重要」等memo，有些頁面上寫滿了列寧自己的見解，他如何讀這本書、同意哪些部分、不認同哪些部分，全都一目了然。

讀到這本《哲學筆記》，我心想：「咦？這不是跟我在做的事情一樣嗎？」本來我只是下意識地在書中寫字，這下發現「這個方法也許可行」，才開始有意識地將它發展成一套「幫助深讀」的技術。

圈出「A（重要）」、「B（在意）」、「Q（不懂）」的段落

接下來，經過我不斷地測試改良，終於編出一套好用的讀法，以下為你說明。

本方法在我大學寫讀書心得報告時大大派上用場，直到現在，我在需要看書寫節目企劃時，也經常用它來幫助我理清思路。

聽起來好像很厲害，其實方法很簡單。

作法是：請一邊讀，一邊把書中在意的內容圈起來，並且做上「A」、「B」、「Q」**三個記號**。

三個記號分別代表了不同的意思。

首先，**「A」是你認為無論由誰來讀都很重要的部分，以及你認為值得學習的地方**。

其次，**「B」是你覺得難以言喻的部分，也不是完全看不懂，但就是很在意，感覺這句話也像在對你提問**。

最後的**「Q」是你已經舉雙手投降，實在看不懂的部分**。但是，無須把所有看不懂的地方都圈起來寫上「Q」，否則最後「Q」會變得太多，徒增混亂，請挑選「現在雖然看不懂，但好像很重要，先圈起來，以後重讀吧」的地方。

同時，在圈起來的段落旁邊寫上**索引**，藉此提醒自己：這段的內容大概是什麼？我是什麼地方看不懂呢？

這也是我從列寧的《哲學筆記》學到的技巧，不用想得太複雜，**只要自己看得懂**就可以了，直接把你聯想到的關鍵字寫上去吧。

當然，剛開始可能常常會遇到「這是B還是Q啊？」、「好像沒有地方可以標」等狀況。

此時不用煩惱，**憑直覺把你在意的地方都圈起來吧**。

我自己也時常只是把段落圈起來，之後才加上註記，或是把B改成Q之類的。

因此，老實說，我的註記寫得很凌亂，看起來一點也不漂亮，但這樣就可以了。

如果想要寫得很完美，光是煩惱這些，書就看不完了，請用一邊讀一邊圈的方式前進吧！好像有點在意，就先圈起來再說。

寫上註記本身具有理清思路的效果，但最大的作用無非是**「成為重看時的小幫手」**。

把在意的部分圈起來、做記號、標上索引，就像一種「準備功夫」，當你重看時，會得到不同於初讀的驚奇體驗，並加深你對作品的理解。

光是重讀A部分，就能迅速掌握整本書的架構。不僅如此，當你把所有你認為重要的部分都圈出來後，這些「重要的部分」還會互相共鳴，引導你發現新的觀點。很多時候，第一次讀時完全看不懂的Q部分，經過你反覆閱讀A、B部分之後，就會茅塞頓開。

用「ABQ」示範如何讀三木清的《人生論筆記》

我想，光靠抽象的說明，讀者可能不好理解如何操作。本篇我會實際拿出被我「弄髒」的書籍來進行說明。

我挑選的範例書是《人生論筆記》（人生論ノート，暫譯）。這是昭和初期活躍於文壇，隨後因違反治安維持法被逮捕，戰後死於監獄的哲學家——三木清的著作，裡面並未使用艱澀的哲學術語，但是每一個句子都語意不清，導致我難以理解作者究竟想要傳達什麼旨意（事實上，我後來才發現那可能是三木清的寫作技巧，關於這點稍後會說明）。

起初，我是在大學教授的推薦下閱讀此書，結果非但看不懂，心裡甚至懷疑：

「裡面寫的真的是日語嗎？」總而言之，只留下「晦澀難讀」的印象。

接著直到我三十多歲，才再次拿起這本書，原因是在工作上遇到瓶頸。對於人生，我茫然地思索著：「我到底是為何而工作？」「幸福究竟是什麼？」隨後我便想起，自己現在應該能稍稍看懂《人生論筆記》了，也許這本書能幫助我走出困境。

開始讀正文前，我先翻開目錄。

這是閱讀思想書、哲學書或散文書的小技巧。一般來說，這類書的目錄都會用主題分類。

先俯瞰目錄，就能掌握整本書大致的架構。

在讀目錄的階段，就可以把自己在意的部分、感覺重要的部分標記起來。

《人生論筆記》一共分為二十三章，其中包含了〈關於死亡〉、〈關於幸福〉、〈關於懷疑〉等內容，我做記號的分別是〈關於幸福〉、〈關於孤獨〉、〈關於嫉妒〉、〈關於成功〉這四個章節。

當時我最有感觸、想要好好思考的主題就是這些。

於是，我從這四個章節開始讀。

總之，我只記得這本書「超難讀」，因此我也不打算突然把整本書都看懂，想先從感興趣的主題開始研究。

小說因為有故事上的鋪陳需求，不能單用目錄來說明整本書的架構，但舉凡思想類、哲學類及知識類等主題豐富的書籍，通常都有很完整的目錄，推薦大家從目錄開始讀。

若從第一章開始讀，很可能立刻遇到沒興趣的主題而失去動力，因此，**請從自己最感興趣的主題開始讀**。

放心，不按照順序也意外地看得懂。

於是，我的《人生論筆記》便從四個在意的章節開始讀，並且使用前面提到的「ABQ」註記法，一邊劃線寫字一邊讀。

人們普遍認為很重要的部分寫「A」，個人在意的部分寫「B」，難以理解的部分寫「Q」。

接下來，我會以自己的註記與實際重讀的流程，來為各位示範如何「把書弄髒」。

「A（重要）」的段落，有時需要配合導讀

重讀的時候，我一邊瀏覽自己寫的註記一邊讀。首先是〈關於幸福〉這一章，由於前半部相較之下比較好懂，所以我的標記幾乎都是「A」，第一個標記「A」的部分是這一段（圈起來的部分為書籍引用段落，以下皆同）：

A

現代人幾乎不曾思考何謂幸福。若是不信，不妨打開近年出現的倫理學書——尤其是日本人自己寫的倫理書去看看吧！各位將會發現，要找到一本完全沒提及幸福問題的書，是多麼容易的一件事。[9]

以本段為例，文字的意思我還看得懂，但覺得有個地方怪怪的。我猜想，這裡說的「倫理」，意思應該類似「哲學」吧？而在哲學裡，探討「幸福」的學問向來是一個大主題，不是嗎？難道在三木清的年代不是這樣嗎？實際上，稍後被我標記為「A」的地方，也出現了「在過去的所有時代，幸福一直都是倫理的中心問題[10]」這樣的句子。

難道說，在三木清寫下本書的時代不是這樣嗎？我抱持懷疑，繼續讀下去，然後漸漸看出原因。

下一頁被我標上「A」的地方，有這樣一段描述：

> **A**
>
> 反觀我們身處的時代，人們連思考幸福的力氣都喪失了，這難道不是一種不幸嗎？在現代社會裡，我甚至感覺談論幸福是不道德的，這不是在說，現在的世間充滿了不幸嗎？[11]

讀到這裡，我忽然想起，應該先找三木清的生平大事年表來看一下。如同我在第一章所提到的技巧，**閱讀哲學書時，先從導讀類的書籍下手，比較不會讀到滿心挫折**。我在閱讀《人生論筆記》前，也讀過一本三木清的評論傳記，上面有列出年表。

接著，我發現三木清寫這本書時，剛好是一九三八年，當時日本制定了國家總動員法，全國剛進入戰爭時期的體制下，此時將一切獻身給國家才是國民應有的正確素養，思考自己的幸福則是一種自私自利的作法，會被批評「不配為日本國民」。這便是當時的時代氛圍。

了解背景之後，我總算明白「原來三木清想說的是這個啊」。如果直接寫出「我們的國家過度壓抑，不允許人民思考個人的幸福」，一定無法通過當時的圖書審查。

所以，他只能以隱晦的方式表達「最近的倫理學都不探討幸福這個主題」、「連幸福都不去思考，是何等不幸啊」，來表達他對戰時體制下的日本現狀的擔憂。

一邊對照年表，一邊讀著我標記為「A」的地方，答案逐漸揭曉。於是，我在先前的「A」段落（前兩處引用的句子）旁寫下「戰時體制下」當作索引。

繼續閱讀接下來的「A」，我找到如下句子：

> **A 三木的異論**
>
> 需強調幸福，才能找回現代的良心。人是否為人本主義，將是這裡的關鍵。[12]

此處的口吻很強硬，以三木清迂迴的表達方式來說相當罕見。

請全國人民一定要重新思考幸福的重要性——我感覺三木清是懷著如此抱負，寫下了這本《人生論筆記》。於是，我在本頁寫下「三木的異論」當作索引。

「Q（不懂）」的段落，有時可先跳過不讀

但是，就連〈關於幸福〉這個相對來說比較簡單的章節，接下來都越寫越艱澀，於是我註記的「Q」也越來越多。**儘管這些部分我實在看不懂，但就是無法忽視，所以才把它圈起來。**

尤其是該章後面提到「幸福即是人格」的部分，令我印象深刻。

> 幸福即是人格。如同脫外套，能夠隨時輕鬆脫下其他幸福之人，才是最為幸福之人。然而真正的幸福，不會因他脫下此而失去彼，也無法被脫掉。
>
> （中略）

> 唯有把幸福視作武器去戰鬥之人，即使被打倒，依舊為幸福。[13]

總覺得這一段像是三木清的心之吶喊。

同時，他所認定的「幸福」，是無法被脫掉的。就他所見，幸福似乎分為兩種，一種是「真正的幸福」，另一種則不是。可是，兩者的差異是什麼？「真正的幸福」到底是什麼？我看得一頭霧水。

我在看不懂的情況下，跳去讀其他章節，接著在〈關於成功〉的章節裡，發現把「幸福」與「成功」視作對比的論述內容。我把第一段出現的文字標上「A」，旁邊寫下「幸福與成功的比較」。

> **A 幸福與成功的比較**
>
> 現代的倫理學幾乎遺忘之物，有兩者尤其顯著，即幸福與成功。[14]

由此往下讀，便能捕捉三木清所認為的「幸福與成功的對立概念」，並能進一步思考——現代人比起追求幸福，更加重視如何成功。在後文裡，作者亦提到，在遙遠的古代和中世紀，人們並無成功的概念，成功是現代人尤其關心的主題。

接著，他表示：

A

成功的概念等同於追求進步，思考的是如何直線向上。想當然耳，幸福本來就不等於進步。[15]

成功與「進步」相近，然而幸福當中本來就不存在著「進步」。由此可知，三木清認為：成功和幸福是截然不同的兩樣東西。

讀到這裡，我想起剛剛讀的〈關於幸福〉的章節裡，最後被我標示的「Q」（參見P74），當時內容曾提到「其他的幸福」與「真正的幸福」。也許三木清所說的「其他的幸福」，就是一種接近成功的概念吧？我如此心想，並順利往下讀。

當「Q」解開的一瞬間，終於感到「好有趣！」

當我前進到〈關於成功〉的章節時，這次圈出了許多的「B」。此時，肯定與興趣同時湧現，「困難」的感覺也變成了：「好有趣！」

B

> 自從成功與幸福、不成功與不幸福被視為同物，人類變得再也無法理解何謂真正的幸福。[16]

這是我內心最有共鳴的部分。在此之前，我也一直認為事業有成、做出好節目、出人頭地就是幸福的表現，然而三木清認為兩者不可混淆——成功不意味著

「真正的幸福」。繼續往下讀，我總算明白作者想表達的事情了。

下一段也被我標上「B」。

B

幸福＝質，成功＝量。現在被視為同物，但從根本上就不一樣。

嫉妒他人幸福者，往往是把幸福視作成功。幸福屬於個人的，關乎人格和性質；成功屬於一般的，由數量來決定。因此，成功在本質上，容易招致他人嫉妒。[17]

這裡也寫得很難懂，不過我大致明白，三木清認為事物分為「性質」與「數量」，與數量有關的事物容易遭人嫉妒。於是，我以自己的話語在旁邊寫上註解作為索引。

與數量有關的事物裡，也包含了金錢。若拿數字和他人比較「他的年收入有一千萬，我卻只有五百萬」，的確容易產生嫉妒心。

三木清提到的「真正的幸福」，究竟是什麼呢？

這個問題的答案，我後來去請教了別人，容我循序道來。當《用一百分鐘了解名著》介紹到《人生論筆記》時，我和負責導讀的哲學家——岸見一郎先生有過一段交流時光。

岸見先生是闡述阿德勒心理學的暢銷書——《被討厭的勇氣》的其中一位作者。

聽說此書問世時，身邊許多人羨慕地說「好厲害」、「版稅收入一定很可觀吧」。可是，他本人感到最幸福的時刻，卻不是那個當下。

當然，書籍大賣是好事，岸見先生再也不用為錢所苦，可以專心做研究了。然而，他真正感到幸福的時刻，卻是終於讀懂柏拉圖的艱深著作的時候，以及想到如何翻譯苦思已久的一段話的時候。

對岸見先生來說，所謂的幸福，是**內心深處的求知欲被填滿的時刻**。

但是，世人羨慕的僅有「寫出暢銷書」這一點。我不禁想，「成功屬於一般的，由數量來決定，容易招致他人嫉妒」——果真如此啊。

讀《人生論筆記》時，我還不認識岸見先生，但我隱約發現，三木清應該是想說：**「成功」屬於可量化的，與「幸福」講求的性質屬於不同次元，人們不應被成功所迷惑。**

讀到這裡，我彷彿也從「要出人頭地才能幸福」的桎梏當中解放，感覺自己得到了救贖。

「Q（不懂）」的答案藏在書中的各個角落／

承上篇，當我能用對立概念來看待「幸福」與「成功」之後，總算開始明白三木清所說的「幸福」是指什麼了。

另一個幫助我讀懂的段落，出現在〈關於孤獨〉的章節。

Q B

一般的見解認為感情屬主觀，知性屬客觀，但其中存在著謬誤。毋寧說，反過來才更接近真理。感情多數時候是客觀的、經過社會化的；知性才是主觀的、關乎人格的。[18]

這段我在初讀時也看不懂意思，所以寫下了「Q」，重讀時加上了「B」。

按照一般的思路，會認為感情屬於個人，所以是主觀；知性不用說，當然是客觀的啊，但是作者竟然說「其實相反」，這到底是什麼意思呢？

可是，當我讀完其他章節的見解，終於逐漸明白三木清想表達的意思。

感情看似屬於個人的產物，但不純粹誕生於自己的心。如果一家店在美食評比裡獲得高分，人們光是坐下來就會覺得好吃；明明眼前的電視節目沒那麼好看，但若身邊的人都說「好看」，就會突然覺得好看……類似的經驗想必任誰都曾有過吧？

或著說，愛國心也是如此。

三木清生活的年代極度強調愛國心，不遵從的人會被稱作「非國民」。在人云亦云的高昂感中，國粹主義的思考方式成為社會主流。

如上所示，看似「主觀」的感情，其實很容易被他人煽動、受社會氛圍影響。

因此，三木清才會強調「主觀的知性」很重要吧。

他應該是想說：為了看清何謂重要的事物，知性是必要的。我也基於這個猜測，而在這裡重新寫下「B」。

解開「Q」之後，閱讀的感動隨之而來

讀到這裡之後，我也逐漸明白，剛開始讀〈關於幸福〉時不明白的「Q」部分是什麼意思了。

簡單來說，三木清所說的「如同脫外套，能夠隨時輕鬆脫下其他幸福之人，才是最為幸福之人」，這邊的「其他的幸福」，指的應該是「可量化」的幸福。而「真正的幸福」是脫不掉的，既無法量化，亦無法與他人相較。不想被社會氛圍煽動，就要具備能看透真正重要之物的知性——我想這正是作者想說的話。

人很容易透過和周遭比較，來決定自己「幸不幸福」。

當我看到事業比我有成、薪水比我還高的人，心裡也會覺得「好羨慕」。然而，真正讓我感到幸福的，又是什麼時刻呢？

比方說，認識了「一直很想好好交流」的採訪對象，與他建立良好的信賴關係。還有，無論接受訪問是否會給受訪者帶來危險，他們卻願意對我說：「我明白了，如果是你，我願意上節目。」這些時刻，遠比我得到更崇高的社會地位，或是節目得了什麼獎，更令我感到幸福而滿足。

三木清說得沒錯，我想這才是絕對無法脫掉的「本質上的真正幸福」。

如同我在前面說的，《人生論筆記》的寫作年代，圖書刊物需要接受政府審查，三木清當然不能明著寫「請大家思考真正的幸福」。

於是，他刻意使用隱晦、迂迴的方式，字斟句酌地置入巧思，**讓認真讀過這本書的人，能看懂他想表達的意思**。

在世人都說「國大於家」、「打贏戰爭」的年代，三木清卻想告訴大家：「人類的根本是幸福。這個幸福不是金錢、名譽等外顯之物，唯有寄宿在自己的人格當中、無可撼動的『真正的幸福』，才是真正重要的事。」這也是三木清在極大的戰爭壓力下，所能做出的小小抵抗吧。

讀出書中的真髓之後，我才明白三木清有多麼偉大。

善用「ABQ」升級理解畫素

以上就是我使用這個初階的小技巧，讀懂《人生論筆記》的過程，是否很有用呢？（在此補充，這本書我後來又讀了很多遍，至今仍有無法參透之處。）

但是，**循著「ABQ」的路標，重讀那些當初覺得「到底在寫什麼？」的句子，模糊的畫面將逐漸對焦。**

對照每個章節的重要之處後，散落在不同角落的文字彼此之間產生了共鳴，使我明白一開始看不懂的句子。

味。

讀書並非只是單純追逐文字，這些解謎的過程，才是閱讀艱澀書籍的最大醍醐味。

當然，我們不可能把每一本書都重新看過，但是遇到「雖然看不懂，但很在意」的書籍時，可以善用這套方法重讀註記，藉此理解作者想要傳達的真正訊息，以及書籍的精髓。

標上「ABQ」、寫上自己的註記當作索引，不畏懼「把書弄髒」。

當你遇到初讀感覺有點難的經典名著時，不妨用用這套方法吧。

專欄 向書請益 2

「企劃和商品開發碰壁時該怎麼辦？」

——岡倉天心《茶之書》

這是明治時代的傳統美術復興者——岡倉天心，為向西方國家宣揚日本文化之美，刻意使用英語寫作，隨後又翻譯成日文的書，內容帶有強烈的思想性，讀起來相當不容易，為了整理想法，我使用了本章介紹的「ＡＢＱ讀法」來讀。

閱讀本書的契機，始自擔任藝術製作人的好友——伊東順二先生的推薦。伊東先生曾任長崎縣立美術館的初代館長，一再推出嶄新的企劃，締造亮眼成績，我會找這本書來讀，一方面也是想從中偷點他的創意製作術。

然後，我果真在《茶之書》裡發現了伊東先生汲取靈感的地方，那是岡倉天心介紹中國古代傳説故事〈伯牙鼓琴〉的段落。

相傳有一位仙人，砍伐了樹齡千年的巨木，造出一把琴。這把琴不只外觀優美，還能發出美妙的琴音，吸引當時的君王收藏，奇妙的是，無人能駕馭這把琴。無論技藝多麼高超的琴師，都只能彈出刺耳的雜音。

彼時，一位名叫伯牙的男子前來晉見君王，成功奏出了優美的音色。君王問他：「何以只有你，能駕馭這把琴？」伯牙回答：「其他人一心只想彈奏自己的音樂，所以失敗了。我只是彈出這把琴想奏的曲子罷了。」

岡倉天心認為，這便是藝術的本質，而我讀到這裡時驚覺：「這不就是伊東先生在做的事嗎？」

伊東先生做的事情向來不是主導，而是為他的工作夥伴激發幹勁。

舉例來說，興建一棟美術館，需要動用行政人員、美術館人員，以及預計進駐的咖啡廳人員，整個專案小組由來自不同領域的各路人馬所組成。

伊東先生針對人員的不同特性，分別使用了不同的話語來鼓舞士氣。面對官僚，他說「實現之後必有亮眼的政績」；面對負責經營咖啡廳的女性員工，他說

「這裡能讓大家度過一段美妙的約會時光」……諸如此類。

被激勵的人齊心協力，一步步地完成計畫。他讓所有人「唱自己想唱的歌」，最終實現了自己的目標。

從前我在執行企劃的時候，總把「自己想做的事情」放在前面。後來我才發覺，不用強行灌輸自己的想法，只要讓其他人去做「自己想做的事」，企劃就能順利進行。

這正是伊東先生和《茶之書》教我的道理。

除了這件事，書中還有許多地方，給了我製作和創意發想的靈感。聽說長崎縣立美術館的建築設計師——隈研吾先生，在工作上也深受本書啟發。因此，當《用一百分鐘了解名著》介紹到《茶之書》時，我特別邀請隈研吾先生來當節目嘉賓。由他操刀設計的建築物裡，處處可見《茶之書》的精神。

我想一般上班族裡，讀過《茶之書》的人應該不多，我認為不把它當作一本商業書來看，實在太可惜了。

尤其是負責企劃和商品開發的人，一定可以從中學到許多創意。

第二章　引用書目一覧

9. 『人生論ノート 他二篇』（三木清著、岸見一郎解説、角川ソフィア文庫、P17）
10. 同上、P17
11. 同上、P18
12. 同上、P19
13. 同上、P25
14. 同上、P84
15. 同上、P85
16. 同上、P85
17. 同上、P85～86
18. 同上、P75～76

第三章

與書對話

與書對話從「提問」開始

本章將為你介紹「**與書對話**」的方法，幫助你進一步了解經典名著。

我在第二章介紹了「ＡＢＱ讀法」，這是透過在書上寫字、把書「弄髒」來加深閱讀的方法，本章一樣需要寫字，只是**文字從註記變成了「提問」**。

請一邊閱讀，一邊在書中寫下提問，像是：「這是什麼意思？」、「這個角色為何如此行動？」等，藉由反覆與書「對話」，慢慢找出自己的答案。

善用提問，可以讀得比「ＡＢＱ」更加深入、透徹，**尤其是讀小說類的讀物時特別好用**。

當然，「ＡＢＱ讀法」也能應用在小說裡，只是小說通常不像哲學、思想類的書籍附有詳盡的目錄，可以單從目錄來了解整本書的架構，再挑感興趣的部分來讀，但除此之外的概念均能通用。

還有一點不太一樣：多數時候，哲學類和思想類的書籍，作者在書中設計的「問題」都很具體。

比方說，《人生論筆記》便以「何謂幸福」來破題，讀者在閱讀整本書的過程裡，便能漸漸找出答案。跟小說相比，這類書所探討的主題是什麼？作者想向讀者丟出什麼問題？都是清晰可見的。

相較之下，小說的脈絡無法一眼看清，很多時候連作品想闡述什麼主題都不明所以。

此時，「建立問題」、「與書對話」便是很好用的方法，可以幫助你讀出作品的精髓。

透過「提問」加深對名著的理解

我會產生「與書對話」的念頭，始於我在第一章也曾稍稍提及的《活出意義來》。這是大學學弟推薦我讀的書，記得我剛開始讀的時候，馬上被如下文字深深震撼。

> 要問的不是人生還有什麼值得我們去期待，而是人生還期待我們去做什麼。
>
> （中略）
>
> 人生每天無時無刻都會向我們提出問題，面對這些問題，我們不該找藉口或是隨口敷衍，要用正當的行為來回應問題。[19]

不是自己詢問人生的意義，而是人生向我們詢問意義啊——好棒的觀點。

同時，感覺也像作者弗蘭克在向著我說：「你覺得這樣就好嗎？」我如雷轟頂，心想，這就是弗蘭克超越時空寫給我的「一封信」吧。

書是「寫給自己的一封信」

事實上，多年之後，曾數度擔任《用一百分鐘了解名著》節目評論家的散文作家若松英輔先生，也跟我說了一樣的話，他說：「秋滿啊，把書當成寫給自己的信來讀就可以了。」

把書當成「寫給自己的一封信」來讀會是什麼感覺？**會覺得上面寫的所有內容都與自己有關**。

若松先生說：「當成寫給自己的一封信，就會認真去讀，對吧？即使只是短短數行也會拚命思考，猜想其中是不是暗藏玄機呢？」

沒錯，如果是寫給自己的一封信，我們不會輕易跳過，而會努力思考：**裡面的每一字每一句，是否有什麼弦外之音？或是在向我們發問？當作是在讀信，便能從中察覺書中所寫的深層涵義，本來看似遙不可及的內容，也會瞬間與自己拉近距離。**

這便是「與書對話」。

古希臘哲學家柏拉圖以「對話錄」的形式留下許多著作，例如《拉凱斯篇》（*Laches*），探討的主題是「何謂勇氣？」，內容由軍人拉凱斯、他身邊的人，以及柏拉圖的老師——蘇格拉底交互答辯的內容所構成。

如果拉凱斯說：「勇氣是不輕易逃走、留在原地為保護人民而戰。」其他人就會說：「別人有難，大方伸出援手也不失為一種勇氣。」以此類推，用討論的形式，提出各式各樣的「勇氣」事例，並透過反覆對話，使「勇氣」的面貌逐漸清晰。

用「直覺」提問

建立提問、延伸對話是加深思考的重要流程。

具體的作法跟第二章介紹的「ＡＢＱ讀法」一樣，一邊讀，一邊將在意的部分圈起來，想要標上「ＡＢＱ」當然也行。然後，如同第二章所示，在旁邊寫下你想到的關鍵字當作索引。

這些就是「準備功夫」。

然而，故事類和哲學思想類的書籍不太一樣，「重要的地方」並不容易察覺，有時會完全不知道要圈哪裡。

放心，此時只需要順從直覺。**重不重要先放一邊，只要覺得某個段落讓你很在意，就把那個部分圈起來放著，之後再來寫上註記吧。**

第二次重讀才是「正式上場」。

圈起來的部分裡，哪些讀起來特別有感、彷彿緊緊揪著內心，就針對這部分進一步思考：「這裡是不是在對我發問？」」簡單來說，就是**把在意的部分當成對自己的「提問」**。

此時一樣無須想得太複雜，不用強迫自己去仿照「哲學上的邏輯思考」，或擔心「太無聊的問題應該不行」，只要是腦中冒出來的疑問就行了。

這邊的「提問」跟第二章介紹的「Q」看似很像，但本質完全不同。「Q」是「連理解上都有困難」時所做的記號，「提問」則是大略看得懂，但想進一步探索「深層的涵義」而進行的問答，因此，從「A」和「B」也能進行「提問」。當然，從「Q」也能找到問題，但由於「Q」的原意是完全看不懂，所以你必須先看懂一點，才有辦法找到「提問」的方向。

用「提問」來讀《變形記》

關於「提問閱讀」，接下來我想舉實際使用這個方法讀完的書來當作範例。

範例書是我在第一章以初讀體驗介紹給大家的《變形記》。第一次讀時，我的年紀還很小，當然不懂得利用有系統的讀書方法；長大後重讀，我一邊「提問」一邊讀，果然讀出更多東西。

這本經典名著並不好讀，加上是具有故事性的小說，你也許會找不到問題在哪裡。但是，只要抱持好奇心讀下去，一定能發現書籍向你丟出的問題。

針對「思考過的地方」持續提問

如同我在第一章所介紹的，小說《變形記》從開頭便令人摸不著頭緒，主人翁葛雷高・薩姆沙「突然發現自己變成了一隻蟲子」。

這樣的開場方式很能抓住人心，使人內心一驚：「到底怎麼一回事？」因此，我從第一段就寫下了「Q」，並留下第一個註記：「為何是蟲？」

第二次讀時，我繼續擴充這個問題，並寫下：「蟲隱喻了什麼呢？」其實我只是單純疑惑「好端端的一個人，怎麼會變成一隻蟲？」，但同時也想到，作者會不會是透過這個方式，想要說什麼呢？於是，我直接將它當作「提問」。

下一個提問的段落，是葛雷高躺在床上思考接下來要做什麼的場景，我如此延續提問：

問

為何變成蟲了還要工作？

下一班車在七點發車，想要坐上它，就得發狂似地衝去坐車才行。但是布料樣品還沒裝進包包裡，心情很亂，身體也很倦怠。即便趕上了，也免不了老闆大發雷霆。[20]

在這裡，葛雷高雖然變成了蟲子，卻依然擔心上班會遲到。令人不禁質疑：「他在說什麼？」、「怎會悠哉到這種地步？」於是我在本頁寫下提問：「為何變成蟲了還要工作？」

接下來，劇情進入妹妹無私照顧葛雷高的橋段。起初，我在這裡寫下「A」，並留下「妹妹的體貼」當作索引。

A 妹妹的體貼→問 妹妹為何做到這種地步？

怎知，好心的妹妹實際上的付出遠遠超乎想像。為了確認葛雷高的喜好，她將各式各樣的東西全部攤放在舊報紙上。21

為了幫助變成蟲子之後，味覺也連帶發生變化，導致無法正常進食的哥哥，妹妹特地為他取來「半腐壞的蔬菜」、「幾顆葡萄乾和扁桃堅果」、「乾燥的麵包」等可能符合哥哥口味的食物，我在這裡寫下提問：「妹妹為何做到這種地步？」

如同範例，**把直覺聯想到的事情用問句寫出來**，**能寫多少就寫多少**。當然，不見得每個圈起來的地方都要提問，但只要是能夠化作問題的段落，我們都要盡量將問題寫上去。

除此之外，我也將妹妹「態度丕變」的部分圈了起來。

近乎奉獻式地照顧哥哥的妹妹，竟然對雙親說出這種話：

B 妹妹態度不變 ↓ 問 妹妹為何態度不變？

「老實說吧，我們必須捨棄他。我們已經做了人類該做的事，照顧他、忍受他，所以，已經不會有人責備我們了。」22

這句話的意思是想表達：妹妹之前的奉獻態度跑到哪裡去了？初讀時，我只有注意到妹妹態度驟變，所以寫下「B」與「妹妹態度不變」作為索引；重讀時，我將它改成問句：「妹妹為何態度不變？」

此外，在故事尾聲，葛雷高受傷死掉後的段落也成為問句。

問

為何家人得到了幸福？

大家露出鬆了一口氣的表情，回到家裡。今天就放個假，去散個步吧。他們如此決定。[23]

「大家」指的是葛雷高的雙親與妹妹。

就算葛雷高變成了蟲子，自己的兒子及哥哥才剛過世，全家人卻露出「鬆了一口氣的表情」，還約好要去休息散步，散發出幸福家庭的氛圍？我對此感到不可思議，於是寫下問句：「為何家人得到了幸福？」

接下來，女傭和葛雷高一家的互動也令我感到驚奇。

劇情上提到，女傭熟門熟路地來到家人身邊，說：「不用擔心，隔壁房的那東西，我已經清理乾淨了。」她說的「那東西」，就是變成蟲子的葛雷高的遺體。

女傭有些洋洋得意地想要繼續說下去，葛雷高的父親卻不允許。

問 為何開除？

薩姆沙先生察覺女傭開始滔滔不絕，想要把事情完整交代一遍，急忙手一伸，阻止她說下去。女傭發現自己不該多話，趕緊推說有急事要處理，用明顯動搖的聲音喊道「祝各位順心」便急忙轉身，以驚人的音量關上門、離開屋子。

「晚上我會把她開除。」薩姆沙先生說，妻子和女兒都沒有回應。24

「薩姆沙先生」就是葛雷高的父親，我不明白這位父親的話中之意，於是寫下：「為何開除？」

尤其最後更令我不解，葛雷高的父母和妹妹真的請了假一同出遊，三人看起來異常「幸福」。他們聊著要搬家，還說希望下一棟屋子「地點要好，使用起來更方便」，夫妻倆一起望著女兒的臉，心想「女兒變得像花朵一樣美，看起來更豐盈了」。故事由此作結。

問　為何主角死了家人卻很幸福？

（雙親）交換眼色，心領神會地點點頭，心裡想著：差不多該幫她物色一個好人家了。等電車抵達目的地後，女兒率先起身，伸展她年輕的姣好體態，兩人認為，這印證了他們的新夢想並沒有錯。[25]

不對吧？你們的兒子才剛死掉耶？這反應太奇怪了吧？

而且葛雷高在變成蟲子之前，可是拚死拚活地工作、撐起整個家計，你們怎麼開心得起來？更別提葛雷高才剛剛慘死，眼前這幅和樂融融的景象是怎麼回事？我都感到義憤填膺了。

這段旁邊也留下了我的註記：「為何主角死了家人卻很幸福？」

這個結局最令我不解，是我在意不已的謎團。

儘管只介紹了一小部分，但以上就是我讀《變形記》時留下的「疑問」。

你可能會嚇一跳，這麼簡單樸實的問題就行了？是的，不用想得太複雜，這樣就很夠用了。

提問的答案「由你決定」

好，當我們把整本書的提問都完成之後，接下來要針對問題，找出屬於你的答案，並且把它們寫下來。

提問的多寡因人而異，有些人可能會「從頭問到尾」，這時候，請針對你**自己認為最重要的五個問題**來進行回答。

「屬於你的答案」，代表所有問題都沒有唯一正解。

舉例來說，我在故事開頭寫下的提問是：「**為何是蟲？**」事實上從存在主義的角度來看，通常會解釋「蟲象徵了被近代文明孤立的人類」。

但是從我自己的角度來看，這更像在隱喻某天突然發生變故、生病無法動彈、必須接受照護的人；也有點像無家可歸、受到社會孤立的人所置身的處境。葛雷高毫無預警地變成了「蟲子」，變得什麼也辦不到，我認為就像在暗喻那些身不由己的人。

這個問題我也請教了在《用一百分鐘了解名著》裡擔任《變形記》導讀人的德國文學研究家——川島隆教授，他告訴我，原文裡葛雷高變成的「蟲子」，用的是德文單字的Ungeziefer，這個字本身便具有「無用之物」、「有害之物」的意思。

此外，聽說本書決定要出版時，作者卡夫卡本人曾要求「不要在封面放蟲的插圖」，因為一旦畫出特定的蟲，形象就會被固定。聽完教授的解說，更加深了我認為「蟲子」象徵「無法發揮己用」的想法（附帶一提，川島教授在二〇二二年新出版的譯本裡，將Ungeziefer翻成廣義的「蟲子」，而非甲蟲等特定昆蟲。）

問題的答案往往「近在身邊」

我們繼續看下一個問題。

我在葛雷高急著要去上班的地方寫下：**「為何變成蟲了還要工作？」**並在之後留下「自己的答案」——「身心分離」。許多剛陷入臥病狀態的人，一開始都會無法接受自己的處境，明明不久前還能生活自理，受傷後當然也覺得可以跟平時一樣自由移動，實際上卻辦不到，因而出現「身心分離」的狀態。

深思之後，我才發現第一次讀時，覺得「變成蟲子還想去工作」如同黑色幽默一般好笑的場景，其實意外地嚴肅寫實。

在下一個問題：**「妹妹為何做到這種地步？」**的段落也是類似情形。

把葛雷高想成需要接受照護的人，妹妹就是他的照護者。自己的家人不能動彈，她想盡力照料也很正常，但是從旁觀者的角度來看，會覺得她有點做過頭了。

妹妹為了讓哥哥方便移動，更改了家具的位置，並且慢慢移除「人類時期」的物品。於是，葛雷高也逐漸遺忘自己曾經為人，慢慢適應了蟲子的生活。

各位是否聽過，罹患失智症的人，被剝奪「職責」之後，症狀惡化的例子呢？我採訪過一名老漁夫，他的失智症狀日漸加重，唯有拿刀剖魚仍做得十分得心應手。

一般人也許會想「讓失智症患者拿菜刀太危險啦，必須阻止」，然而老漁夫的家人非常明白，隨便剝奪老漁夫的「職責」，對他來說不見得有益，事實上，老漁夫本人也相當樂在其中。

從這個角度來看待妹妹無微不至的照顧，是否像在說「你就變成蟲子吧，那樣還比較輕鬆」呢？

「比對答案」一邊讀

得出這個觀點之後，後半部的**「妹妹為何態度不變？」**也會出現轉變。

葛雷高相當照顧妹妹，為了讓喜歡音樂的妹妹去讀音樂學校，拚了命的工作賺錢，比對哥哥的奉獻，就算他變成蟲子，妹妹怎樣也不該冷血地說出「我們必須捨棄他」吧？

初讀時，我對此感到相當突兀，不過若把「照護」這個關鍵字放進去，妹妹的行為完全就是「照護疲乏」。拚命照顧家人的人，有天突然累了、「疲乏了」，都是很正常的行為，我從妹妹的言行察覺「她已經瀕臨極限了」。

如此一來，尾聲最大的謎團**「為何家人得到了幸福？」**也變得不奇怪了。對家人來說，葛雷高這個負擔消失了，他們從照護生活中獲得了解脫，所以想要睽違多時地出門走走、轉換心情。

休息之後，他們終於能好好思考女兒的歸宿。悲傷是在所難免，但是，一家人也從照護生活中得到解放，總算有餘力好好思考自己的事了。尾聲所表現的，就是如此深邃複雜的情感。

同樣地，前一個段落——面對女傭的付出，父親竟然震怒地說「晚上我會把她開除」，當時我寫下的提問是：**「為何開除？」**原因我也漸漸明白了。因為，女傭說了「隔壁房的那東西」，彷彿將葛雷高的遺體視作垃圾，也難怪葛雷高的父親會生氣了。他也用自己的方式，在哀悼兒子的死。

儘管感到如釋重負，但那到底是自己的兒子，可以如同清垃圾一般丟掉嗎？如此複雜的情緒，成為怒氣的根源。而「妻子和女兒都沒有回應」，是因為兩人尚未平復心情，也許她們心裡也想著「竟然把哥哥當垃圾丟了」、「那可是我的兒子啊」。

轉換觀點思考後，這其實是個教人鼻酸的場景。

用自己的答案創造「自己的讀法」

把《變形記》當成「照護小說」來讀，始於我自身的家族經驗。有段時期，我們家也照顧過臥病的祖父。

祖父晚年糖尿病加劇，也有輕微的失智症狀，我因為工作之故，沒有與祖父同住，僅在年節休假返鄉時會見到面，即使如此，每當我返回老家，都能感覺到家人因為照顧抱病的祖父而日漸疲乏。**把「照護」當作關鍵字來讀《變形記》，葛雷高就像是我的祖父**。從某一天起，祖父「變形」為另一種樣貌，失去了自理能力，逐漸成為家中的負擔……。

祖父隨後過世，我接獲電話緊急返鄉，家裡的氣氛雖然悲傷，但也隱約瀰漫著一股解脫的氛圍。

附帶一提，《用一百分鐘了解名著》的藝人嘉賓伊集院光先生，則是站在不同的角度，把《變形記》當成「繭居小說」來讀。他說，自己在十幾歲時，曾有一段拒絕上學、足不出戶的時期，當他把這本小說跟自身經驗做連結之前，一直認為這是一本很難讀的文學作品，但是，**自從他發現「繭居小說」這個觀點，便覺得裡面寫的是「自己的故事」**，然後就突然看懂了。

伊集院先生說，當他繭居在家一陣子之後，家人開始把他當成累贅，小說裡葛雷高的家人漸漸對他感到厭煩的發展，對他來說感同身受。

詢問之下，伊集院先生曾長期沒回老家。他說，自己並未和家人交惡，但家人們只要看看電視、聽聽廣播節目，就能知道他過得很好，那麼，他似乎也沒必要特地跑回家。

但在某一天，他突然心血來潮想到「久久回老家一趟吧」，於是悄悄返鄉、想要給家人來個驚喜，心裡想著自己這麼久沒回家，他們一定很寂寞吧。

於是，他悄悄來到家門前，從窗戶偷看裡面的情形，發現父母和其他兄弟姊妹開心地聊著天，不禁產生「沒有我也無所謂」的惆悵心情。

當然，他明白只要開門進去，大家還是會熱烈歡迎他，但是看見自己長期不在，家人一樣過得很好，難免會產生一種自己是礙事者的錯覺。伊集院先生說，**他讀到《變形記》的最後時，想起的就是當時的蒼涼心情**。

就像我把《變形記》當成「照護小說」來讀，伊集院先生也把它當成「繭居小說」來讀，我聽了以後覺得很有感觸。

這就是經典名著的魅力，可以和不同人的情感經驗作連結，並且產生各式各樣的讀法。有時候，這些情感藏了起來，需要透過「提問」和「回答」來鞏固架構才能發現。

《奔跑吧梅洛斯》的主角是誰呢？

接續「提問」的話題，有些人可能會想，《變形記》之所以能「邊問邊讀」，是因為它本來就是一本奇妙的「荒誕小說」，如果今天換成一本任誰來讀都很好懂的故事，會不會因為「生不出問題」而無法深讀呢？

沒有這回事。

有些乍看「好懂」的故事，也可以透過建立新的提問，進而發現完全不同的觀點。

我自己就曾大開眼界。

所有故事都有「提問」

我曾和前面提過的若松英輔先生，一起出席大學生的活動。活動內容是由我和若松先生分別介紹五本書給學生。若松先生選的其中一本書是太宰治的《奔跑吧梅洛斯》，本書的同名短篇小說曾刊在課本上，應該大部分的日本人都讀過吧。

故事描述一位叫梅洛斯（Melos）的青年，因為想要殺死暴君而遭到逮捕，被判了死刑。梅洛斯短暫返鄉參加妹妹的婚禮，但又回來拯救被當作人質的好友塞里努丟斯（Selinuntius），國王看見兩人的友誼，從此改過向善。

老實說，我看到的第一眼，不明白若松先生為何要挑一本大家都知道的書。這的確是一個「好故事」，但我看不出哪裡還有更深層的涵義，感覺就是兒童讀物——這是我對《奔跑吧梅洛斯》的刻板印象。

但是，若松先生給了本故事一個全新的提問：

「秋滿啊，你覺得《奔跑吧梅洛斯》的主角是誰呢？」

當然是梅洛斯，不然會是誰呢？我心想，然而若松先生告訴我：

「這篇小說有很多讀法，我們通常會把梅洛斯當成主角，但也可以把塞里努丟斯當主角喔。而我認為，國王才是主角。」

經他一說我才想到，儘管國王只有在故事的頭尾登場，但是若問是誰透過整個故事改變了價值觀，那個人的確是國王沒錯。若松先生說：「我認為，這才是太宰治想寫的東西。」

故事中間，梅洛斯半絕望地一路狂奔，最後終於奔回好友身邊，這段期間，國王究竟產生何種心境變化，故事當中完全沒寫，但總不可能他一看到梅洛斯跑回來，就突然靈光一閃、改過向善了吧？想必這段期間，國王也用自己的方式想了很多事。

仔細重讀就會發現，國王一開始就跟梅洛斯說：「是你們教會我，懷疑是必要的心理防衛。」

由此推敲，國王本來可能很信任別人，卻因為一再受到背叛，才變成今日的暴君。他一方面想著「梅洛斯一定會藉機逃跑」，同時也在心裡的某個角落暗暗期待著「他會回來」。

還有，儘管小說裡並未寫到，但我想塞里努丟斯被抓去當人質時，應該沒有哭泣也沒有吵鬧，而是靜靜地等梅洛斯回來吧，這副模樣想必也影響了國王。

透過一個問題，就能激發出更多想像。我認為，這個概念可以應用在任何故事裡。

把提問歸納成「書的主題」

好，接下來要介紹「高階者讀法」，這是我在工作時經常用到的讀書術。

我在前面提過，如果問題的數量太多，不妨挑選最重要的五個問題來回答——換個說法，就是把一本書區分成五個主題來思考。

《用一百分鐘了解名著》通常會將一本書的內容，分成四集的節目時間來介紹，因此在提出企劃書的階段，就必須把書分成四個主題才行。

這時候，我會把讀完產生的所有疑問濃縮成四個問題，然後變換視角、慢慢過濾出四個主題。

這個作法的靈感也來自於一本經典書——康德的《純粹理性批判》。

這是一本非常艱深的書籍，我不敢說自己完全讀懂。但是，康德在書中指出，從古至今，哲學都弄錯了人類在理性上的極限，為了處理那些人類無法理解的問題，哲學過度講求理性了。

接著，康德開始驗證人類的理性可以理解事物到何種程度，並且明確地劃分出界線，告訴大家「接下來的問題超出人類的理解範圍」。

過程裡，康德將希臘自古以來的哲學命題，約略區分為五個問題（本來應該更複雜，在此省略）。

五個問題裡，分別有四個自相矛盾（Antinomy，哲學上稱二律背反）的問題：「宇宙是否具有空間及時間上的界線呢？」、「物體是否具有最小單位呢？」、「自由是否存在呢？」、「神是否存在呢？」加上最後的「靈魂是不死的嗎？」所組成。

儘管分類方式有點太廣，但硬要說的話，哲學過去想要驗證的所有命題，的確都不脫離這五個範圍。

也就是說，**康德將希臘自古以來的恢宏哲學史，一口氣歸納成五個主題**。

於是我也想到，我們在閱讀時，就算有點牽強也無妨，是不是能把所有問題集中歸納成四到五個問題呢？接著，我開始一邊留意「四個問題」，一邊撰寫節目企劃。

決定要做《變形記》時，我尚未擔任節目製作人，如果由我來策劃，應該會以〈《變形記》是一本照護小說！〉如此聳動的大標題來製作節目吧。

第一個小主題則會聚焦於「為何變成蟲也要不惜工作？」，藉此探討「被照護方」的心情，比方說，人因為疾病無法動彈時，會面臨什麼問題？心裡會有什麼感受？

接著是「妹妹為何做到這種地步？」，從妹妹照顧哥哥到無微不至，揭露一個家庭裡如果有需要看顧的病人，會是什麼處境？由此也能延伸成一個主題。

然後進一步丟出「妹妹為何態度不變？」，藉此帶出更深層的主題——「照護的實情」。這邊可以提到，再怎麼無私奉獻的人，若是每天持續地照料病人，遲早會累到身心崩潰——因此，我們應該怎麼做比較好？

仿效康德的作法，可以幫助我們把眾多問題歸納出幾個大方向，藉此找出一個大主題。

一般人可能沒什麼機會用寫企劃的方式來看書。不過，當你需要把書介紹給其他朋友，或是自己想要讀得更深入時，請一定要用用看這個方法。

不要太拘泥於「自己的讀法」／

儘管這麼說有點矛盾，但前篇提到的「歸納成大主題」仍需拿捏分寸，不該把故事的題材說死。

假如我真的一口咬定〈《變形記》是一本照護小說！〉，反而會扼殺了故事的多重面向。

事實上，在伊集院先生的心裡，《變形記》探討的不是照護，而是繭居問題。不一樣的人，讀起來會有不一樣的感受，正是經典名著的醍醐味。

太過堅持用某種方式去解讀，可能會破壞閱讀樂趣。

為了每個月生出新的節目企劃，我總是絞盡腦汁思索「怎樣切入比較吸引人」，以至於有時會遺忘了名著最初的樂趣。我想，這就叫做「企劃疲乏」吧。比起細細品味作品的魅力，我總是在尋找節目能用的主題，因此失去了初心。

每當我在反省之時，總會想起中國古籍《莊子》裡的〈渾沌開竅〉。

故事是這樣的：從前，有個國家的帝王叫「渾沌」。渾沌沒有眼耳口鼻，鄰國的帝王們見了，覺得他很可憐，說道：「人人身上都有七竅（＝七個孔穴），用來看、聽、吃、呼吸，渾沌的身上沒有七竅，我們幫他鑿出來吧！」於是，他們每天幫渾沌鑿出一竅，到了第七天，渾沌身上有了七竅，但早已斷氣。

這個故事的寓意是：人們喜愛把自以為不錯的智慧強行加諸於其他人事物上，不停想要「多鑿出一個洞」，最後導致那樣東西失去靈魂。我認為，這是給我在製作節目上的當頭棒喝。

如果我們只想拚命把節目做得「吸睛有趣」，最後反而會殺死「渾沌」。**經典之所以是經典，就是因為本身具有滿滿的魅力，如果老想把經典加工得「簡單、好讀一點」，反而會失去作品的原始魅力，不是嗎？**

這就是我的感觸。

當然，如果把「渾沌」原原本本地搬到觀眾面前，觀眾可能也會心想：「這是什麼東西？看都看不懂。」

所以，我們必須費心介紹，使更多人都能看懂，但是，千萬不要過度加工。有問題沒解開也沒關係，保留一點想像空間，不也挺有趣的嗎？

閱讀也是相同的道理。

藉由反覆與書「對話」來找出自己的讀法固然重要，但是不需要過度拘泥。就算你在心裡篤定「這是一本照護小說」，下次讀時不妨跳脫思考，或許就能邂逅新的讀法。

你可以擁有自己的解讀，同時接受各種觀點，在書海裡來去自如。

我認為，這是最適合品味經典名著的閱讀姿態。

專欄 向書請益③

「如何打造好團隊？」

——《法華經》

本章介紹的「提問閱讀」，使我在讀《法華經》時大有斬獲。這是一本家喻戶曉的佛經，大家應該或多或少都聽過。

事實上，《用一百分鐘了解名著》是我首次擔任製作人的電視節目，在此之前，我都是擔任導演，常跟著攝影師到處跑外景現場。導演的工作比較偏向自行取材、自行構思，多半是「獨立作業」，製作人則必須帶領整個團隊成員一起工作。

剛開始的時候，我因為缺乏經驗，老想跟執導時代一樣，按照自己的步調指揮作業，常常不顧現場導演及合作單位的建議，把不符合自己想法的提案通通打槍，如今回想，我真是一個糟糕的節目製作人。

當時，節目正好要做《法華經》。由於我最景仰的童話作家及詩人——宮澤賢治是虔誠的佛教徒，本身推崇《法華經》，所以我在大學時便嘗試閱讀，結果一下子就遭遇挫折，直到節目上也有邀請的佛學家——植木雅俊先生出版新譯本，我才終於把它讀完。

令人訝異的是，這就像是一本滿載人才培育、團隊經營智慧的寶庫之書。

植木先生解說道，《法華經》大約寫於西元一世紀末到三世紀初，廣納了當時激烈對立的大乘佛教與小乘佛教等不同門派，透過佛經「組織出一個新團隊」。

但是，「團隊經營」的難處便在於一個團隊之中，必然充滿各式各樣的人。裡面會有感覺無法共事的人，也有思考方式和自己迥異的人……即便如此，《法華經》仍相信不同的聲音之中所蘊藏的可能性，並成功將他們組織起來。

經書裡的每一個故事，不是人突然飄浮在空中，就是一些充滿科幻及幻想成分的內容，感覺很超脫現實。

然而，只要一邊讀一邊「提問」，思考「這邊代表什麼意思？」，就會發現每一則故事都是在闡述人類重要的處世方式，那些看似虛無縹緲的內容，原來都是一種譬喻手法。

比方說〈窮子喻〉這一篇。

故事提到一位富人，偶然遇見自幼離家出走的兒子。兒子過慣了窮途潦倒的生活，早已忘記父親是誰，見到眼前的富人，只想一路逃回貧民窟打雜。於是，父親招來兒子當作家僕，先請他挑糞，再慢慢交付重任，直到兒子能夠管理財產、獨挑大樑，才在臨終之際道出真相「你其實是我的兒子」，讓他繼承全數的遺產。

在這則故事中，「富人就像佛陀，窮子則是佛弟子」，藉此比喻——弟子擁有無限的可能，只是現在閉上了眼。

面對不願意相信自己潛在可能的弟子，耐心地花了很長的時間開導他們，用盡各種方法激發弟子的潛能……看了之後，我不禁折服於如此敦厚又深具力量的佛教思想。

《法華經》重視「人的潛在可能」，並從各種角度提供引導人們內在潛能的方法。

我不確定用這樣的角度來閱讀佛經是否適當，但是在我心裡，這是一本寫得很棒的人才培育書，比起實作方法，更重視內心層面，不但教導了人才培育的指導方式，還提供了團隊經營的基本心法。

此時，我擔任節目製作已有很長一段時間，每當我開始對團隊成員感到沒信心時，都會把《法華經》拿出來重讀，重整自己的心態。

第三章　引用書目一覽

19. 『夜と霧』（Viktor Frankl著、霜山徳爾譯、みすず書房、P183）
20. 『変身／掟の前で 他2編』（Franz Kafka著、丘沢静也譯、光文社古典新譯文庫、P35）
21. 同上、P68
22. 同上、P116
23. 同上、P126
24. 同上、P127～128
25. 同上、P129

第四章

委身於書

有些書無法單靠技術讀懂

經典名著要怎麼讀？本章還要介紹一種方法是「**委身於書**」。一言以蔽之，這是要你**丟下技術和方法，以最自然的姿態與書面對面，並予以接納**。

有些人也許會想：你在前章和前前章才叫我們寫下註記、運用「讀書術」來看書，怎麼現在又來自打嘴巴呢？請放心，我可以拍著胸脯向你保證，第二章所教的「ＡＢＱ讀法」與第三章介紹的「提問閱讀」都是很有效的方法，不但實際在我的工作派上用場，也是非常適合實踐的技術。

只是，方法總有極限，我們難免會遇到自己怎樣也無法參透的書籍，連該圈哪裡都不知道，就算想要區分「ＡＢＱ」，也可能從頭到尾都是看不懂的「Ｑ」。

世界上的確存在著用任何方法都無法對付的難解名著。

像《聖經》就是典型的例子。

比方說，我現在正想挑戰讀《新約聖經》，但是進度相當緩慢。《聖經》裡並未使用艱澀的專門術語，即使我都看得懂字面上的意思，卻完全不懂許多地方想表達的語意，連「寫上ＡＢＱ」和「建立提問」等技巧都束手無策。

這類書籍雖然不像康德或黑格爾等哲學書那麼困難，讀前需要具備相關知識，但即使拿出之前那些方法，依然無法參透。

那麼，我們該如何面對這些書呢？這便是本章想傳達的主題——「委身於書」。

同時，這也是比較針對進階者的讀法。當你嘗試寫下「ＡＢＱ」或「建立提問」卻屢次失敗，請一定要試試看這個方法。

遇到像大海一樣的書，只需委身書海

舉例來說，杜斯妥也夫斯基的《卡拉馬助夫兄弟們》就是一部令我「毫無頭緒」的作品。

我在第一章也提過，我曾三度棄讀《卡拉馬助夫兄弟們》，因為實在讀不下去。我在國中時第一次接觸到這部作品，猶記當時才剛讀不久就放棄了。接下來，我分別在高中、大學時讀了不同譯本，還是一樣沒讀完。等到我真正讀完，已經超過四十歲了。

讀是讀完了，但我並不覺得自己「真的讀懂」。

我認為故事本身滿好看的，只是有太多超脫常理、錯綜複雜的支線，讀時彷彿誤闖一座大迷宮，每條岔路都有深奧的意義，我的腦袋完全跟不上。我也看過不少導讀推薦，卻搞不懂到底哪裡有趣、故事到底在說什麼，真的是讀得一頭霧水。

一旦碰上這種書，我在第二、三章介紹的「劃圈」、「做記號」、「寫下關鍵字、註記和提問」通通不管用。

所以才要「委身於書」。

用海來比喻，《變形記》就像已開發的近海漁場，雖然深邃有魅力，但不論誰來讀都能大致了解劇情。此時，「ＡＢＱ」等技術就相當於魚群探測儀，裝設之後便能輕鬆找到魚群——即書中的精髓。

相較之下，讀《卡拉馬助夫兄弟們》就像被拋在大海的正中央，魚群探測儀當然會失去效用。

不僅如此，在未知的海域，隨時都有可能遇上凶猛的怪獸，或是超級暴風雨。

想要在如此浩瀚的大海裡持續游泳，必須打開所有的知覺，抓住偶然出現在面前的浮木——那些突然讓你感到好奇的地方，憑藉著一股動力，把自己的身心交給大海，才有可能繼續讀下去，我想這是唯一的解方。

即使大海並不溫柔，然而，這是一場幸福的體驗。把身心交給大海，任由海洋帶你輕輕漂浮，前往未知的方向探險，你會遇見屬於自己的驚奇冒險，與靈光乍現的時刻。

這是**只有初讀時才能體會的樂趣，也是閱讀最教人期待的事**。

你可能會說：「太抽象了吧？這樣子連讀書的技巧都不是。」但是，請務必了解，有些書只能藉由「委身」去讀，而且，這類書所帶來的影響力，有時大到足以改變人的一生。

委身的「委」字，上半部有個「禾」，表示垂頭的稻穗；下半部的「女」則是雙手合十下跪的女性身影（出自《新漢語林 第二版》鎌田正、米山寅太郎、大修館書店）。

因此，我是這樣解釋「委身」的：在結實纍纍的大自然前心懷敬意、謙虛地跪下來，不自以為聰明地想要支配它，而是將一切「委身」於大自然。

我很喜歡「委身」這個字，但是對強調「近代自我」的現代人來說，要謙虛下跪並不容易，「自我」總會跳出來，試圖搬出智慧和技術去控制一切。以閱讀來比喻，就是每當遇到不懂的地方，就會想用自己的方式去擅自解讀。

然而，套用技術解釋出來的東西，往往只流於當下，容易變得乏善可陳。

舉例來說，每當人們提到杜斯妥也夫斯基的《卡拉馬助夫兄弟們》，總會說它是一部「弒父文學」。

這個解釋也許是對的，不過，讀時若是過度先入為主，可能會錯失「屬於自己的全新體驗」。

如果才剛開始讀就滿腦子想著「這是一本怎樣的書」、「我一定要從中學到東西」，反而容易錯失許多東西。

因此，**暫時丟下所有包袱，把自己全然地交出去**——「委身於書」，是很重要的第一步。

讓自己心中的「故事」動起來／

我曾聽本身是僧侶的宗教學家——釋徹宗先生聊過「資訊與故事」。

他說，現在的學校教育和商業書非常重視「資訊」的取得技巧，使得學習機會大幅增加；但是，相較於「資訊」上的獲取，人們接觸「故事」的機會反而減少了。

什麼是故事呢？「**故事是相遇以後足以改變人生的東西**」。

比方說，改變釋徹宗先生的故事就是日本古典文學名著《歎異抄》。他說，自從遇見了《歎異抄》，其內容便深深植入心中，直接影響了他的處事方式，這就是故事帶來的力量。

資訊可以被消費、被取代，故事則不行。

各位在聽音樂或看小說時，是否有過以下經驗？「這首歌是為我寫的吧？」「這本小說是寫給我看的吧？」

當你察覺：「這東西也太了解我了吧？」那樣東西對你來說就是一則「故事」。

釋徹宗先生說，與重要的故事相遇，是一種類似宗教的體驗，我不禁想起「委身於書」也是同樣的感覺。

我不是把書上寫的字轉換成資訊來讀取，而是讓自己心中的故事動起來，並且體會那些過程。

把自己代入故事裡，就會直擊內心

我讀《卡拉馬助夫兄弟們》時就是這種感覺。

我不認為裡面寫的是別人的故事，那些書中登場的角色，每一個都活在我的心裡。

這部小說裡也有塑造得非常誇張的角色，感覺是用來增添戲劇效果的，坦白說，初讀時，我完全無法對他們產生共鳴。

比方說，三兄弟裡的大哥——特米脫里（Dmitri）就像是權力和欲望的化身，一旦決定一件事，就會橫衝直撞、勇往直前。相對地，二哥伊凡（Ivan）則是冷靜的類型，雖然聰明，待人處事卻很冷酷無情。撇除善良的小弟——修道士阿萊克謝意（Alexei），上述兩位的個性都過於強烈，感覺和我八竿子打不著關係。

但是，讀著讀著，我的想法逐漸產生變化。

對，沒錯，**我心中的確「存在著」特米脫里和伊凡**。

儘管我不像特米脫里一樣，熱愛爭權奪利，不過回頭審視自己的內心，我的確也有欲望高張的時候；也有應該表現得更具人情，卻跟伊凡一樣冷眼旁觀的時候。

無論是特米脫里，還是伊凡，或是看似比較平凡的阿萊克謝意，他們確實「存在於」我的心裡。

當我開始能夠代入心境，這些角色便在心中活了起來，我感覺自己不是在「讀故事」，而是活在故事裡。

故事就是我，我就是故事，兩者合而為一，再也無法分割。

同時，我也感到一絲救贖。

剛好在同一時期，我正為人際關係所苦惱。

細節在此避開不談，總之，並非我對那個人做了什麼，我們彼此並不相熟，但是，那個人卻在職場上陷害了我。

儘管最後，我順利解除了必須背黑鍋的疑雲，內心卻大受打擊。在此之前，我一直幸運受到人們眷顧，也相信人性本善，這次的震撼教育令我震驚「原來世界上真有這種人」，並且變得不相信人性。

然而，我在讀《卡拉馬助夫兄弟們》的過程裡，逐漸產生「有光就有暗，只要是人，心中都會同時存在著善與惡」的想法，心情也變得豁達起來。

比方說，在故事的前面，大哥特米脫里不但和父親爭奪一位女性，在金錢方面也很骯髒，以角色刻畫來說，真的相當「不討喜」。可是，隨著故事進展，特米脫里會漸漸展露出深情的一面，你會發現，他是用著純粹的愛，和父親爭奪心儀的女子。

同樣地，看似單純善良的小弟阿萊克謝意也有其他麻煩之處，像是因為個性太過正經，有時反而很可怕，或是因為很能替別人著想，反被人際關係所困。

結果，三兄弟以及其他登場人物，都是亦正亦邪、有光有暗，沒有人是非黑即白的。

就是這點令我感到有血有肉、相當真實，很像現實中會有的人。

因此，儘管我會抱怨「怎麼會有這種人」，但仔細想想，自己也有很多缺點。人無完人，每個人必然都有黑暗面，只是偶爾會失控，如此而已。

有這些缺點才是「人」——當我察覺這點，心情也如獲救贖。

「委身於書」，可以把故事變成自己的。

如此一來，便能拋開邏輯，只用自己的方式去感受，並在內心深處發酵。

這種感覺只要體驗過一次就會上癮。

那麼，我們如何進入「委身於書」的狀態呢？
接下來，我會稍加具體地介紹方法。

拆掉擋在書與自己之間的「牆壁」

想要「委身於書」，要做的第一步是「**拆掉擋在書與自己之間的牆壁**」。

我會察覺這件事很重要，也同樣來自一本書的啟發，那是哲學家西田幾多郎的經典著作《善的研究》。這本書也同樣困難，我曾在大學時舉手投降，直到數年前《用一百分鐘了解名著》選到這本書時，我才終於讀完它。

和大學時一樣，整本書裡僅有一章，我能一次便順利看完，就是第四篇第五章的〈知與愛〉。其實這是最後一章，我因為一開始就遭遇挫折，所以狡猾地心想「先看看結論怎麼說」，想不到這章比想像中還短，非常好讀，寫法也和其他章不太一樣，比較淺顯易懂，讓我成功讀完。

西田在此章說「通常我們認為，知與愛是完全不同的精神作用，實則不然，兩者其實相同」。

他假設，這種精神作用叫「主客合一」，說明如下：

人之所以愛花，是因為自己和花一致；之所以愛月亮，是因為和月亮一致。當父母成為小孩，小孩成為父母，親情才會於焉發生。[26]

後面還有這段解釋：

想知物必須先有愛，想愛物必須先有知。數學家須拋下自我去愛數理、與數理化為一致，才能深入地解開數理。美術家須熱愛自然，將自我埋沒於自然之中，才能看透自然的真。[27]

這段是在說，知與愛就像硬幣的兩面，缺一不可。如果只有知，僅能獲得表面的資訊；如果只有愛，又會流於盲目。

因此，我認為西田是想表達：當兩面完美結合，方能接近事物的本質。

西田在文中反覆提及，「自我」與「花」、「親」與「子」之間並不存在主體和客體。

簡單來說，我們不該依據自己擁有的知識和資訊去進行分析，而是應該拆掉自己與該對象之間的牆壁，達到「合一」的境界，才有可能接近事物的本質。

「拆掉擋在書與自己之間的牆壁」就是仿效西田的思想，在閱讀時不再區分「主客」的讀法。

面對這些難解之書，**請忘記「自我」與「書」之間的主客關係，想像自己與書化作一體**。

我想，「閱讀不分主客」正是接近「委身於書」的第一步。

玩味並享受「不懂的樂趣」

延續前面所提到的「與書化作一體」，說起來是很簡單，但是，當我們沉浸在閱讀的過程裡，一定會遇到一些無法消化的「異物」，宛如小石子般不停滾出。尤其「名著」更是如此，無論你多想「委身於書」，難免都會稍稍碰壁。我就舉杜斯妥也夫斯基的《罪與罰》（*Crime and Punishment*）來當作例子。

《罪與罰》故事大綱

在談論「異物」之前，我先介紹一下《罪與罰》的故事大綱。這是我讀的第一部杜斯妥也夫斯基的作品，與《卡拉馬助夫兄弟們》相比篇幅較短，而且好懂許多。我大概是在高中時讀的，印象中沒有卡住便順利讀完。

故事的主角拉斯柯爾尼科夫（Raskolnikov）是一位天資聰穎但一貧如洗的年輕人，他因為付不出學費，大學讀到一半不得不休學。拉斯柯爾尼科夫受到「一個細微的罪惡，可以透過一百個善行來補償」的思想所影響，擬定了一場殺人計畫，想要殺死以貪財聞名、四處放高利貸的老婦人，並用搶來的錢來幫助窮人。

怎知，這場殺人計畫在實行時發生了變數，他殺死的不只有老婦，還有當時在場的老婦的繼妹。

拉斯柯爾尼科夫開始逃亡，儘管受到罪惡感所苛責，但他說服自己「我只是殺了欺負窮人的傢伙」來正當化自己的行為，並用偷來的錢扶弱濟貧。即便如此，心中那股罪惡感依然無法抹消，使他日日夜夜感到痛苦。

拉斯柯爾尼科夫將自己的罪行告訴了一位虔誠的基督徒女子——索尼婭（Sonya），年輕的索尼婭被迫下海賣身以養家餬口，同時，她也是拉斯柯爾尼科夫誤殺的女子的朋友。索尼婭知曉了一切後，並沒有責怪他，只叫他「去贖罪吧」。

最後，拉斯柯爾尼科夫聽從索尼婭的勸告去自首，被送進西伯利亞的監獄、承認自己犯下的罪，並且改過自新，與追到西伯利亞的索尼婭結為連理。

《罪與罰》裡潛藏的「異物」

以上就是故事大綱，想必一般人都能接受，甚至覺得「原來如此，還不錯嘛」。

然而，「異物」就藏在支線和幾位登場人物裡，這才是《罪與罰》這部小說的深邃之處。

舉例來說，裡面有個叫斯維德利蓋洛夫（Svidrigailov）的有錢人，近乎跟蹤騷擾一般地迷戀拉斯柯爾尼科夫的妹妹杜尼雅（Dunya）。斯維德利蓋洛夫有過詐欺前科，在故事裡被描述成一位相當「討人厭」的男子。故事進行到一半，斯維德利蓋洛夫的妻子突然過世，令人懷疑：該不會是斯維德利蓋洛夫自己殺的吧？不僅如此，他偶然聽見主角向索尼婭坦承自己的罪，便以「妳的哥哥是殺人犯」作為要脅，想要逼迫妹妹杜尼雅就範。

但是，就連看似如此厚臉皮的男人，也會因為求婚被拒而心死，最後開槍自盡。死前，他把自己的財產分給了妓女索尼婭與尚未成年的未婚妻。

看到這裡，不禁讓人覺得他對杜尼雅是一片真心，似乎不是什麼壞人，在故事的前半與後半，這個人給人的感覺判若兩人。

究竟斯維德利蓋洛夫這號人物該如何定位？杜斯妥也夫斯基為何要讓這號人物登場呢？我真的完全搞不懂。

他的存在猶如「異物」，從我第一次讀《罪與罰》時便黏在心底。

還有另一點，**主角拉斯柯爾尼科夫究竟是何時發現自己做錯事、想要認罪的呢？**這對我來說也是一項「異物」，直到數年前，我重看了新出版的新譯版本，才發現自己誤會了一件事。

索尼婭勸他去自首後，他在前往警局的路上，想起自己第一次向索尼婭坦承殺人時，索尼婭叫他「親吻被你玷污的大地」。接著，他真的跪下來趴在地上，親吻了大地。

我在第一次讀時，以為拉斯柯爾尼科夫是在此刻悔悟、願意承認自己的罪，重讀時才發現並不是如此。

異物才有的「豐富滋味」

在上述看似悔改的場面之後，拉斯柯爾尼科夫依然反覆在心裡告訴自己「我沒有錯」，甚至當他被流放到西伯利亞的監獄之後，仍傲慢地認為自己跟其他人不一樣，因此受到其他囚犯所厭惡。

我仔細讀過新譯版本，發現直到故事的尾聲——拉斯柯爾尼科夫抓著來探望他的索尼婭的腿痛哭失聲的場面，才真正地悔改。

既然如此，他之前又為何要「親吻大地」？我本來以為他是出自於改過自新，如果不是的話，那個行為又有什麼意義呢？

老實說，此時此刻我依然無法參透。

但是，我決定不將這兩樣「異物」勉強解釋為「某種寓意」，而是好好將之存放於心裡，也因為如此，《罪與罰》在我心中成了一部豐富而獨特的作品。

當我們遇到不明白的事情時，常會不小心搬出自以為是的小聰明，用它來強行解釋那樣東西，然後覺得自己「好像懂了」。有時，我們不妨放下這些包袱，學習擁抱「異物」，用玩味的心情坦白地告訴自己：「**雖然看不懂，但是這本書很厲害！**」如此一來，你便能在人生的許多時刻體驗：「啊，這就是『親吻大地』的心情嗎？」「這就是斯維德利蓋洛夫的感覺嗎？」

感受異物是一項契機，它將帶領你去慢慢體會心中那些難以名狀的情緒和體驗。

「卸下武裝」，讀時不要先入為主／

這種「順應異物」的讀法，我稱作「卸下武裝式閱讀」。

我曾有一次機會，與研究法國哲學家列維納斯（Emmanuel Lévinas）聞名的思想家——內田樹先生對談，聽他談到「想要了解列維納斯，就得卸除武裝」，對這句話印象深刻。

內田先生說，他第一次讀到列維納斯時，感覺就像：「被一個初次見面的外國人猛力抓起衣襟，對著自己劈里啪啦地說個不停。」他還說：「加上是外語，我根本聽不懂，不過，可以感覺對方迫切地想要向我傳達什麼。」於是，內田先生研究起列維納斯，驚覺：「若是繼續受限於自己迄今使用的知識框架，我絕對無法理解列維納斯！」並嘗試打破自己的知識藩籬——他稱此為「卸下武裝」。

閱讀也是同樣的道理，碰上「異物」時，我們必須「卸下武裝」，拿出願意拆掉自身框架的態度，才有可能認識異物並接納它。

卸除武裝即「拿下濾鏡」

回想起來，我在日常生活中也有「拿下濾鏡」的時刻，像是去看美術展覽時。

我很喜歡看展，從年輕時便看了許多展覽，但以前有個不太好的習慣，就是凡事都會先讀說明文字（即作品導覽）。

簡單來說，我習慣先去了解這是誰的作品、創作於哪個時期、作品的主題是什麼等相關知識。我以為不先知道這些資訊，我會看不懂作品。直到現在我才發現，這不是最好的看展方式。

因為，**人一旦先獲得了知識，就會透過一層濾鏡去欣賞作品**。但事實上，如果想要什麼補充資料，大可以等之後再看圖鑑就好，實際看展時，應當好好委身於眼前的作品，拋開成見、沉浸其中。

我想，這樣看展也比較愉快。

此外，看展時也容易撞擊「異物」。有些作品我非但看不懂，甚至感到不舒服，在心裡質疑：「怎麼會畫出這種東西？」可是換個角度想，這也表示我的心底受到了震撼。

欣賞美術作品與讀文章不同，連想要「假裝看懂」都很困難，我們只能委身接納那股「震撼」。

我這才明白，原來自己平時讀文章時，戴上了多少濾鏡去讀，並試圖用自身的框架去解釋作品。

與「好懂的感覺」保持距離

十九世紀的英國詩人約翰・濟慈（John Keats）把「接納不確定及尚待發掘的事情」的能力稱作「客體感受力（negative capability）」，我認為，這是極度強調「一看就懂」的現代人十分缺乏的重要能力。

尤其當你養成閱讀習慣後，更容易不小心將不懂的「異物」從思考當中屏除，變得只看自己關心的部分。

我們要做的不是麻痺思考，而是「卸下武裝」，接納所有的「異物」，這也是「委身於書」的閱讀法所需的特質。

說起來，人心和個人體驗，本來就無法用「善／惡」、「黑／白」的二分法來輕鬆斷言，其中包含了許多複雜抽象的事物，僅能用文學和哲學來完整表現。除了「委身接納」，我們沒有其他方法能靠近它。

將「異物」孵化為「啟示」／

承上，接納「異物」後，需要將之永久保存、維持它原來的樣子嗎？答案是「不盡然」。

有些時候，**無法完整消化的異物會經由時間慢慢加溫，「孵化」為新的啟示**。

對我來說，這個「異物」就是《歎異抄》。《歎異抄》是創立日本佛教門派淨土真宗的親鸞聖人留下的語錄集，由弟子唯圓禪師彙整而成。

我在大學時第一次讀到這本書，老實說，簡直是霧裡看花。畢竟，這是一本為信奉親鸞的淨土真宗信徒所寫的宗教書，不是信徒的我當然看不懂，加上書中提到「唸佛讓你生於淨土，也讓你墮入地獄」，總覺得像在故弄玄虛。

我也不懂什麼叫有名的「惡人正機說」（註：惡人也可以往生極樂世界）。書裡寫到：「善人尚且往生，何況惡人乎？」意思是：「連善人都能往生，沒道理惡人不行啊。」可是一般來說，不是應該反過來嗎？記得我當年邊讀邊抱怨：「照你這樣說，累積善行的人豈不是沒有善報，作惡多端的人也不會受到報應嗎？」

除了「善人尚且往生，何況惡人乎？」這一句，書中還有許多強烈的句子，使我想忘也忘不了。

其中一句是「此慈悲無終始」。我將前面的句子一併引用，整句如下：

今生何其同情可憐，亦不得如願相助，此慈悲無終始。28

「終始」在這裡是「完全」的意思。

所以，這句話是在說「在這個世界上，無論看見多麼令你同情、悲憫的遭遇，你也不能按照己意去幫助對方，因為你的慈悲是不完全的」。

我把這句話當成某種標語，在心中記了下來，但真實的感想是：「這不是理所當然嗎？還需要你來說？」換句話說，這就是被我記住的「異物」。

直到我想通——儘管不是真的茅塞頓開，但感覺自己終於真心接納它時，已經過了二十五年，也就是在日本東北三一一大地震發生之後。

體會「異物」的採訪經驗

事發當時，我前往千葉縣東北部的旭市進行採訪。

此區不是地震主要發生的東北地區，媒體很少報導，一般人甚至不會聯想到是受災地區。但實際上，這裡卻有上百人死於地震海嘯。為使住在組合屋的居民早日重拾生活，我受到一股使命感驅使，深入當地日夜奔波，採訪這些受災居民。

然而，與東北地區的重大災害相比，千葉縣的災情並不受到媒體關注，當時只有地方報導，無論我如何採訪，都無法讓更多人知道受災戶痛失家人的悲傷，以及辛苦生活的現狀。每日每夜，我都被無力感折磨，覺得自己無法為他們做什麼。

就在這時，腦海裡突然浮現「此慈悲無終始」這個句子。本來覺得很普通的道理，對當時的我來說，感受竟是如此不同。

我終於體會，這句話的意思是在說「切勿驕矜自滿」，人類的力量既微弱又渺小，不可能真的完全拯救別人，「拯救」的想法是一種自以為是、是一種傲慢——這才是《歎異抄》想要傳達的道理。

同時，我也感到質疑：「難道要對痛苦的人視而不見？」事實上，闡述淨土佛教的親鸞聖人也在鎌倉時代的災難和動亂下靠近平民百姓、欲拯救蒼生，他當然不可能對痛苦的人見死不救。因此，他想說的應該是：「你的慈悲並不完整，也可能無法拯救別人，但是，請站在你所站的位置、盡其所能地完成你該做的事！」這樣一想，我才發現這句話是在對我說：「你做的事情是對的。」

因為搞不懂意思而放在心裡的句子，竟然在我最難受的時候冒出來，為我帶來新的啟示。

收在心裡的「異物」，隔了漫長的時間，終於漸漸「孵化」。原來還有這種事！這是我第一次意識並體驗到「異物」帶來的啟發。

異物是為了「有一天明白」而存在

歷史上已有不少人闡述過「用時間去體會」的重要性。

法國知名數學家亨利・龐加萊（Jules Henri Poincaré）在他的著作《科學與方法》（*Science et Méthode*）中便提到了「incubation（孵化）」。

這邊的孵化是指：**當你徹底思考過某個數學問題後，請將自己從思考當中抽離出來，去做點別的事情，甚至休息等等。如此一來，過了幾天，靈光就會突然閃現，為你解開難解的習題**。

我想，這是人在休息的期間，仍下意識地思考問題，用時間去找到答案吧。連理性的數學家都這樣說，我不只感到意外，也嚇了一跳。

英國哲學家伯特蘭・羅素（Bertrand Russell）也在《幸福之路》（*The Conquest of Happiness*）當中提到：**困難的問題必須先一度抽離，並在睡前下意識地命令自己**

「去思考」。

此外，海明威也提過：自己在寫作時，想到**「接下來寫某個場景應該不錯」時，會先暫時停筆**。

他會去做別的事情或是睡覺，然後當他再次握筆時，這段期間「累積的井水」會幫助他迅速下筆。如果沒有中斷、在當下繼續寫，會因為水位不夠滿而寫不出好作品。

因此，使用「委身於書」的閱讀法時，若是讀到一半覺得「到底在寫什麼？」，此時先不用著急。

如同前述，接納「異物」原本的模樣、將之存放於心，便有可能在某個時刻突然領悟。

也許是一天後，也許是一週後，也有可能像我與《歎異抄》之間的緣分，直到二十五年後才順利體悟。不要忘記鼓勵自己**「總有一天會明白」**。

閱讀不順利時，真的不需要因為讀不懂而懊惱，不妨用「孵育」的心態來面對，讓閱讀變得輕鬆簡單。

善用「不分主客」拆掉自己與書之間的牆壁、拿下濾鏡「卸除武裝」，將剩下的異物「留在心中孵化」——以上三個動作搭配起來，就是「委身於書」的閱讀法。

「委身」聽起來也像「無所作為」，因此需要下定決心、堅定意志。當你決定要放下主導權的那一刻，才能遇見閱讀的樂趣和豐富性，這是其他任何方法都無法取代的寶貴經驗。

當你感覺第二章、第三章所教的方法都「應付不來」時，請一定要試試這套「委身法」。

專欄 向書請益 4

「職場的人際關係不順該怎麼辦？」

——克勞德．李維史陀《構造、神話、勞動》

《構造、神話、勞動》（構造．神話．労働，暫譯）是法國人類學家克勞德．李維史陀（Claude Lévi-Strauss）來日本演講之後，彙整而成的演講集（註：李維史陀的訪日時間為一九七七年）。

這本書裡也涵蓋了許多抽象概念，讀起來並不容易，所以我用了本章介紹的「委身法」來讀，讓內容在時間的累積下慢慢「孵化」，然後就漸漸讀懂了。

當年，克勞德．李維史陀花了六週的時間停留在日本，走訪石川縣的輪島及福岡縣的沖之島，在當地仔細調查日本職人的勞動思維，書中也記載了許多當時的發現。

其中，他提到了一點——「日本人和西方人的工作思維截然不同」。

比方說，西方人習慣先在腦中構思成品的藍圖，接著套用自然景物，把腦中想像的作品完整地呈現出來。為了完美呈現人類想像的作品，西方人習慣在過程中慢慢為作為雛型的自然景物調整加工。

那麼，日本職人呢？李維史陀仔細在著作中分析差異，經由《用一百分鐘了解名著》的節目來賓——人類學家中澤新一先生導讀之後，變得好懂許多。

書中提到，日本的陶藝工匠認為——自己不是在製作器皿，而是做出「土壤想成為的形狀」；也有佛像雕刻家說，佛已睡在木頭裡，自己只是雕刻出形狀。

換句話說，他們並不是把腦中的構想套上自然景物再做調整，而是將潛藏於自然當中的事物引導出來——這就是李維史陀看見的日本。

假如西方人的工作思維是把砂石打成泥狀、按照需求加工為水泥建築，日本人的對應產物就是石牆——收集大自然中的石頭，不去改變它的形狀，集合每顆石頭的優點、砌成石牆。中澤先生說，這種傳統的日本工作思維，深深撼動了李維史陀。

聽聞的當下，我彷彿挨了一記悶棍。因為按照這個邏輯，我不就完全成了「西式作風」的節目製作人嗎？

我在專欄③聊《法華經》時也有提到，在我剛升任節目製作人的菜鳥時期，曾是一個逼迫團隊按照我的意思「達成計畫」的糟糕領隊，回想起來，這不就是李維史陀所批判的勞動思維嗎？

我隨後發現：唯有去引導每一位工作夥伴發揮各自的強項，才有可能製作出好節目。我不能當「支配型」的製作人，要成為一個「被動型」的製作人才行。

決定當一位「被動型」的製作人後，我發現自己真的做出了許多超乎想像的有趣內容。從這層意義來看，《構造、神話、勞動》是一本幫助你打從根本改變工作思維的厲害書籍，我很感謝李維史陀的引導。

不光如此，保持彈性的思維，也能放在一對一的人際關係上。

如果一心只想讓家人朋友聽從自己的命令、按照自己的方式做事，事情非但不會順心如意，還會把關係弄僵。

要像李維史陀說的，引導對方的優點、學習接納，我認為這也是人際關係裡相當重要的一環。

第四章　引用書目一覧

26.『善の研究』（西田幾多郎著、岩波文庫、P260）
27. 同右、P260～P261
28.『歎異抄（文庫版）現代語譯付き』（梯實圓解説、本願寺出版社、P24）

第五章

如何與讀完的書相處

徹底從書中學習

涵蓋不少艱深書籍的「經典名著」究竟該怎麼讀？我利用前面的四個章節，分享了我實際運用的「讀書術」和小技巧。

但請注意，書不是「讀完就結束」。我甚至敢說，**讀名著的樂趣和收穫，往往是在「讀完以後」才能體會**。

這雖然是我個人的情形，但也許有人和我一樣：出社會以後所讀的書，跟學生時期「為了升學考試」所讀的書完全不同。

對我來說，出社會以後常常是為了「抓住浮木」而讀。因為在工作和人際關係上碰壁，所以想翻翻書、看看能否從中找到解決問題的線索。

以結果來看，書中出現的金句曾多次在往後的人生裡拉了我一把、成為指引我的重要明燈。透過這個過程，讀過的書彷彿真的「**化作我的一部分**」。

想要讓書化作己物，重要的是實際去嘗試書中的內容，以及透過輸出的方式，與人分享心得感想。

如何跟用前面介紹的「方法」讀完的書相處呢？該怎麼做才能「徹底從書中學習」呢？

本章將針對這點，介紹幾個好用的方法。

將閱讀體驗用於人生之中

「與書相處」的第一個提案是：**把閱讀體驗「用於人生之中」**。

我第一次實際感受到書與人生相連，是在一九九一年六月，長崎縣的雲仙普賢岳發生火山碎屑流災害。這是一起重大的自然災難，包含媒體工作者在內，死亡人數超過四十人，當時剛進公司第二年的我，天天被指派到現場採訪。

在火山碎屑流發生的一個月後，上面決定要做組合屋受災戶的艱困生活報導，由我負責採訪。

說來可恥，其實我相當害怕去採訪。因為，居民的生活仍處於混亂之中，我怎麼有臉跑去跟他們說「請接受電視採訪」呢？他們會生氣地把我轟走吧？

儘管我猶豫不決，但是上面交派的工作還是得做。當時幫助我克服心裡障礙的，也是一本經典名著。

由於採訪需要外宿好幾天，我順手在行李中帶了幾本書，其中包括我從大學時便很喜歡的青少年文學——麥克・安迪（Michael Ende）所寫的《默默》。晚上結束工作回到住處，我便拿起這本書開始讀，想不到意外有共鳴。這本書我已讀過好幾遍，這次卻是在全新的心境下不停翻頁。

故事的主角——默默，是個身穿破衣、個頭嬌小、外貌寒酸的小女孩，但是，她比任何人都擅長傾聽。默默鮮少主動開口，通常都是安靜、專注地聆聽，跟默默說話的人，也會藉由傾吐，慢慢察覺自己要的是什麼，並且找回活力。

比方說，書中有這段內容：

向默默傾吐之後，猶豫不決、不知道該怎麼辦的人，都會突然明白自己要的是什麼。內向的人會突然打開眼界、生出一股勇氣；不幸的人和擁有煩惱的人也會獲得希望和光明。[29]

正為採訪一事心煩的我，因而獲得了啟發：「啊，不然，我來當默默吧。」不用急著說自己的，而是豎起耳朵用心聽，把對方的優點引導出來。採訪受災居民時也是，我無須為了「要好好採訪」而煩惱，要做的事情只有一件，就是徹底傾聽。

當時，我的包包裡還帶著麥克・安迪研究家，同時也是譯者的子安美知子女士的散文著作，子安女士在書中寫到：**《默默》雖是一個奇幻故事，但並不是另一個世界的故事，裡面的內容和我們息息相關**。她說得一點也沒錯，書中登場的每個角色——無論是默默，還是她的朋友吉吉和白伯，甚至是那些偷走人類時間的「灰衣男子」，一定都存在於每個人的心靈角落。

我對此深感共鳴。

是啊，既然如此，我就好好找出藏在自己心中的「默默」，讓她慢慢長大吧。

我還依稀記得，一路看著我工作的主管（他是一位嚴厲的人）在日後誇讚我：「你真的很笨拙、不擅長採訪，不過，大家都願意對你敞開心房。」我聽了相當高興。

我們可以把故事當成虛構內容、當成有趣的奇幻故事，同時也可以**把故事裡的登場人物當成自己，向他們學習工作態度和人生哲學，運用在自己的生活和職場。**

如此一來，讀過的東西會與「自己的人生接軌」。我也是因為這次經驗，才領悟讀完的書不會因此結束。

書將成為「人生支柱」

延續「將閱讀體驗用於人生之中」的話題，我再分享一個自己被書拯救的例子。

二〇〇四年發生了ＮＨＫ的製作人私吞鉅額節目製作款項的醜聞案，事件被週刊雜誌報導出來後，ＮＨＫ電視台受到世人撻伐，表示今後不再付費支持，當時身為電視台員工的我也大受打擊。

我自認用相當認真的態度面對工作，進入ＮＨＫ電視台以後，也時常感嘆「應該沒有其他電視台會製作這麼硬派的專題節目了」，誰知道背地裡竟然有人用不正當的手段牟取私利，這件事和我內心的正義感發生牴觸，我一度自暴自棄地想「沒辦法做下去了」。

當時，我剛好在讀三島由紀夫的《金閣寺》。這也是我從高中時就很喜歡的一本書，然而，從前的我只是單純被華麗的行文風格吸引，雖然讀了好幾遍，但並不是真的了解這本書在說什麼。正當我因為NHK電視台的醜聞案而沮喪時，翻開這本書，竟產生了強烈的共鳴，就跟前篇提到的《默默》一樣。

首先，我強烈感覺到故事的主人翁溝口就是三島的化身。溝口自幼聆聽父親描述「金閣寺有多美」而長大，儘管不曾親眼目睹，但金閣寺的形象在他心中不斷膨脹，變得富麗堂皇，使他心神嚮往。

隨後，溝口前往京都的金閣寺修行，在戰爭烽火連天時，產生「我要和金閣寺一同在空襲的大火中被燒毀」的奇怪妄想，一心想要實現這個淒美的悲劇。但是，等不到這一天，戰爭便結束了。金閣寺最終成了平凡的觀光景點，令溝口大失所望。

即便如此，溝口仍無法逃離金閣寺的束縛，為使走到死胡同的人生再次流動，他放了一把火，燒了金閣寺。

我們來看看現實的部分。三島生於軍國主義教育灌輸「愛國」和「天皇信仰」的年代，早已做好赴死的覺悟，並且一度被徵召，卻因身體不適被遣返回鄉，在許多年輕人為戰爭殞命時，三島懷抱複雜的心情活了下來。

戰後，天皇發表了《人間宣言》（註：即「天皇為凡人，而非神」），瞬間摧毀了三島至今堅信的事物。如同溝口對戰後的金閣寺大失所望，想必三島也抱憾而思：「我之前篤信的事物又算什麼呢？」這樣一想，溝口會放火燒了金閣寺，正是由於其對「日本」及天皇的深切崇拜，就像三島在戰後不堪現實打擊，想要親手毀滅那個「元兇」。

同時，我越讀下去，越覺得溝口——三島「就像我自己」。長年以來，我深信NHK這塊招牌並努力打拚，這份忠誠在一瞬間被背叛了。儘管程度完全不能相比，但我隱約能理解溝口和三島的痛苦，也終於明白初讀時完全不懂的「火燒金閣寺」的心情。當然，我不是在說我會放火燒掉ＮＨＫ，但我很有可能因為太過痛苦而離職。

之所以沒離職，是因為遇到一位貴人。

那是一位我在採訪時認識的原爆受害者，由於社會對他們的歧視依然嚴重（註：輻射會傳染的無稽之談造成的社會恐慌），節目播出之前，我謹慎地再三確認：「可以播（採訪影片）嗎？」對方說：「為了讓世界更加和平，請一定要播，避免類似的憾事一再重演。」

當時，我剛重讀完《金閣寺》，聽到這番話後，心境出現轉折，產生「其實不用辭掉ＮＨＫ」的想法。

我工作不是「為了公司」，而是為了那些願意相信我的受訪人，以及電視機前的觀眾朋友。誠摯地面對這些人，才是我工作的原動力。我不需要像溝口一樣，非得做出類似「燒掉金閣寺」的行為，心裡才過得去。

事實上，在故事後半也有一位人物為溝口帶來心靈救贖，那個人就是禪海和尚。如果溝口能早點遇到禪海和尚，或許就不會燒掉金閣寺。對我來說，禪海就是那位原爆受害的採訪對象。

根據三島遺留的筆記，他曾想在結尾安排溝口和金閣寺一同葬身火窟，最後卻改變了主意，選擇讓溝口「活下去」。這大概是因為，三島自己也選擇了「活下去」。

儘管最終三島選擇了切腹自殺，返回自身的原點——向著「天皇」、向著「國家」，但他賭上人生、貫徹思考，留下了《金閣寺》這部曠世鉅作，我覺得自己也要拿出十足的決心來面對人生關卡，才對得起三島的覺悟。

《默默》當時也是如此，**把故事和自己的人生「接在一起」，書就會不斷貼向自己**。

往後，它將成為人生的重要「支柱」，持續豐富你的人生。

有些人也許會想：「哪有這麼容易遇到人生之書？」

但是，如同我和《金閣寺》，本來覺得毫無共鳴的書，也有可能成為「支柱」。

對我來說，《默默》和《金閣寺》都只是氣氛吸引我，我並不是認為這些書對我的人生有幫助才拿起來讀。

然而，有了幾次「書和人生接軌」的經驗後，我也用自己的角度，思考了如何提高與這些書相遇的機會。

其中一個方法是：

每當你認識新朋友，不妨詢問對方：「有沒有哪些書影響了你對人生的看法？」如果再熟一點，可以進一步詢問這些書是如何幫助到他，並且把書名和影響人生的部分記下來。

這是一種「親身經歷」。當你遇到一樣的困難時，不妨讀讀那本書，有很高的機率能發揮作用。

還有另一個方法：

養成習慣，多閱讀報章雜誌上的書評專欄。因為範圍比較大，可能不會立刻看到有用的資訊，不過看到的時候，記得將它記下來，或是用剪報的方式備檔，如此一來，便能成為應付緊急狀況的「常備藥」。

話雖如此，倒也不需要刻意為之，先重讀自己喜歡的書籍吧。要是看待得太嚴肅很容易累，不妨用平常心看待。

「說故事」會使故事成長／

接下來要介紹的方法是：**把讀完的書「說給別人聽」**。

「將閱讀體驗用於人生之中」屬於個人體驗，自己一人就能辦到；除此之外，讓書「與別人」產生連結，也能獲得豐富的閱讀體驗。

朋友也好，家人也好，或是和同事聊聊也可以，把自己最近看完的書和其他人分享，便能收到一些回饋，像是「謝謝你告訴我」、「我也想看」；幸運的話，也許對方也看過那本書，會和你大聊「我也這麼想！」，你會從中得到共鳴，甚至得到新的觀點。

聆聽別人的回饋、仔細咀嚼思索，會將這份閱讀體驗牢牢刻劃在記憶裡，**使心中的「故事」持續成長**。

之前，節目介紹到《平家物語》時，我曾聽擔任導讀的日本傳統能樂師——安田登先生講解這部作品，並且留下深刻的印象。

聽說，成書於十三世紀的《平家物語》起初並不是文字寫成的書，而是琵琶法師講述的故事，經過漫長的歷史演變而來。在這段過程裡，故事的順序和內容依照聽者的反應不斷更改，譬如「這個段落的反應不好，把它刪除吧」、「把這兩個地方交換接受度比較高」等，因此在不同的時代，分別有不同的「版本」。我認為，這是一種「故事的成長」。

同樣地，節目《用一百分鐘了解名著》也創造了一個「說書」空間。

透過朗讀和導讀老師的講解，以及主持人伊集院先生的一來一往，有時節目會出現劇本上完全沒有的發展，這也是最有趣的地方。

我想，自古以來，人類都是這樣說故事的吧。

不只《平家物語》如此，《新約聖經》也是耶穌基督口傳、由弟子記錄下來的文本；每一本佛經也是由釋迦牟尼的弟子抄寫成書；寫下《論語》的也不是孔子，而是孔子的弟子。由此可知，「傳述」是多麼重要的環節，自古以來，故事都是這樣形成。

因此，除了心得分享，我們也可以「**朗讀**」**那本書**，甚至是和志同道合的朋友舉辦讀書會，結束之後大夥兒一起暢聊感想。

找出「拱頂石」

問題來了，想要「把故事說給別人聽」，究竟該怎麼做？描述故事的大綱其實意外地困難啊……。

在此提供一個方向：找出「拱頂石（Keystone）」。

每一本經典名著裡，一定都有象徵「心臟部位」的文字段落——這就是拱頂石。

以我在第二章介紹過的《人生論筆記》來舉例，象徵「心臟部位」的就是下列文字：

幸福屬於個人的，關乎人格和性質；成功屬於一般的，由數量來決定。30

這是書裡很重要的一個段落，只要能理解這個段落，就能大致掌握整本書的主題。介紹一本書時，從這些主題開始說，聽的人也會比較容易進入狀況。

此時，我在第二章介紹的「善用『ＡＢＱ』升級理解畫素」便能派上用場。不用強迫自己聚焦於一句話，不妨從「ＡＢＱ」註記的段落裡，挑出三個你自己特別有感的句子，從這些地方開始說。如此一來，便能從自己的觀點「整理出」書籍大意。

比方說，每當我向人介紹達爾文的《物種起源》（*On the Origin of Species*）——這本書也在《用一百分鐘了解名著》中介紹過，我一定會提到「馬德拉島上的甲蟲」。

這個內容是說，在一座名叫馬德拉的孤島上，不知為何有許多不會飛的甲蟲。

達爾文對此感到不可思議，經過調查後發現，這座島一年四季颳著強風，蟲若是起飛，會被大風吹落海裡。按照人類淺薄的認知，認為「不會飛」是一種「退化」，但是在那座島上，「不會飛的甲蟲」才是最能適應環境的物種。

如同「馬德拉島上的甲蟲」，沒人知道哪些性質對於物種適應環境是有利的，除此之外，還有氣候變遷、環境變化等因素，我們活在一個充滿各種條件影響的環境裡，無法單純用「弱肉強食」一句話來含糊帶過。因此，物種越是充滿多樣性，越能提高生存機會。

讀到這裡，我在毫無設防的情況下理解「平等」及「多樣性」的重要。以人類社會來看，我們必須平等照顧身心障礙及LGBTQ族群，讓社會接納更多不同的聲音，才能形成一個豐富而多樣的人類社會。

在過去的一段時期，達爾文的《物種起源》常被套用在強調「強者生存論」的優生學說上，連我自己也這麼以為。

實際讀完書後，我才發現內容完全相反。此外，達爾文對同船旅行的黑人船員相當友好，是個眼裡沒有種族歧視的人。

因此，對我來說，本書的「拱頂石」就是讓我了解書中思想的「馬德拉島上的甲蟲」。

每當有人提到：「達爾文不是主張弱肉強食嗎？」

我一定會搬出這個故事來好好解釋。在反覆解釋的過程中，《物種起源》也在我心中成為一本相當重要的書。

不一樣的人來讀《物種起源》，也會得到完全不一樣的「拱頂石」。我們**只要說出自己「領悟」的部分就可以了**。

或者不用急著告訴別人，善用筆記本和手機把句子記下來，製作屬於自己的「名言集」也不錯。

藉由反覆閱讀這份「名言集」，心中「能說的部分」會變多，我們甚至可以把和別人述說後得到的回饋也一併寫上去，藉此存下只屬於自己的寶貴資產（事實上，我寫過的書幾乎都是從這份「名言集」出發）。

如此一來，**名著也在實質意義上「變成你自己的東西」**。

「編輯」書架

再推薦一個「與書長伴學習」的方法：**打造一個「屬於自己的書架」**。

有些人看完書後會立刻賣掉，我自己是因為偶爾會想重看，加上書裡的註記就像自己的人生軌跡，所以在可允許的情況下，我會盡量把書留下來。

眺望排在書架上的一本本書背，就像在回顧自己的人生：「當時我被這本書救了」、「讀這本書時，我還在那裡啊」令人感慨萬千。

加上職業病，我常常會動手「**編輯書架**」。

每當我添購新書，或是那陣子有特定需求時，就會趁機把架上的書整理一遍。

看著幾本原先毫無相關的書，就會發現「**這本書和那本書，在某個主題上有重疊啊**」，因此浮現許多新靈感。

「編輯書架」的契機

成為《用一百分鐘了解名著》的製作人、持續製作這個節目數年後，我開始感到節目流於制式化。

為了替節目帶來新氣象，勢必得找更多不同領域的導讀人來創造新組合，我因此天天往書店和圖書館跑。我在第一章介紹「如何挑書」時，曾提過「偶然相遇」的重要性，所以當時也想如法炮製，並且擴大範圍。

就在某一天，我漫無目的地逛著一家電器行、下意識地望著店頭展示的電視螢幕時，一則新聞快報躍入眼簾，內容是當時的國防大臣，因為派遣到聯合國維持和平部隊（PKO）的自衛隊的「公文隱瞞問題」引咎辭職。

我心想：「真可怕啊，難道上面寫了什麼必須隱瞞的不利情事嗎？」接著，我突然想到：「對了，我好像看過一本書，提到『不利情事』……」

書名和作者我都想不起來，但是，我確定看過這麼一本書。於是，我順道去附近的書店走走，並想著：從內容來看，應該會是國際局勢或報導類的書架吧？但是不對啊，印象中，那應該是一本有名的經典。

就在我左思右想，並在書店來回逛了超過一小時，眼睛忽然瞄到「義大利文學」的書架，才想起那本書是安伯托・艾可（Umberto Eco）寫的《玫瑰的名字》（*Il nome della rosa*）。

這部文學作品有被翻拍成電影，應該很多人聽過它的名字。故事描述在北義大利修道院發生的離奇命案，由修士慢慢揭開謎底。事件中出現了古希臘哲學家亞里斯多德的著作《詩學》（*Ars Poetica*），不知為何，其中的第二集不見了。

這邊稍稍給個提示，原因跟「這本書對基督教世界來說，是相當不利的『笑話』」有關。那棟修道院裡有一間圖書館，專門收納一些不能給世人看見的書籍。這是在暗諷，知識成了隱瞞「不利情事」的地方。

不僅如此，我聽了擔任節目導讀人的義大利文學研究家——和田忠彥先生說了才知道，作者安伯托・艾可當時也對義大利政府嚴重的言論打壓感到憤怒，《玫瑰的名字》也可解釋為他想對此提出批判而寫的書。

回到剛剛日本自衛隊隱瞞公文的社會案件，我認為《玫瑰的名字》寫出了日本的現況，於是從這個角度出發，製作了節目企劃。

企劃的靈感來自偶然在電器行看見的新聞快報，其中結合了我過去看過的書，以及在書店陳列的書籍。這也是讓我強烈感受到「偶然的相遇能誕生新東西」的一次經驗。

書與書相互共鳴的空間

如同前述，我在稍稍期待促成「偶然相遇」的前提下，開始「編輯書架」。

我的私人書架因為有空間和尺寸的考量，基本上，文庫尺寸和新書尺寸的書統一放在一起，不過硬殼精裝書是隨機亂放的。

有幾本書我會放在隨手可得的「固定位置」，除此之外經常更換。

更換的頻率沒有固定，約一週會稍微整理、順手更換。

我有大致按照類別擺放，但不是絕對，像是商業書和人文書時常穿插在一起，或是純文學旁邊放著食譜等，我也常常問自己：「這兩本書怎麼會放在一起呢？」**像這樣偶然隨手亂放，有時也會帶來新發現，其實頗富樂趣**。

有時候，適度把不同種類的書混在一起，能夠激發玩心：「這本書和那本書意外在某些地方有共同點呢！這兩本也有相關！」

不過，突然說要「編輯書架」，聽起來似乎很困難。

我推薦的第一步是：**在書架角落「留白」**。作法很簡單，一本書也不要放，製造一個空蕩蕩的空間就行了。接著，慢慢**將「自己此刻最關心的主題」的相關書籍填入這個空間**。

舉例來說，此刻我對俄羅斯出兵侵略烏克蘭一事感到相當痛心，所以書架上收集了「戰爭相關」的書籍。

實際開始「編輯」後，架上先有了普魯士軍事理論家克勞塞維茨（Carl von Clausewitz）的《戰爭論》（*Vom Kriege*）與康德的《永久和平論》（*Zum ewigen*

Frieden）……隨著戰爭與和平的主題增加，範圍也越來越廣。

接著，裡面多了漢娜・鄂蘭（Hannah Arendt）的《極權主義的起源》（*The Origins of Totalitarianism*）、捷克裔英國人類學家厄內斯特・蓋爾納（Ernest Gellner）的《民族與民族主義》（*Nations and Nationalism*）等民族主義的相關書籍，以及美國政治學家吉恩・夏普（Gene Sharp）的《從獨裁到民主：解放運動的概念框架》（*From Dictatorship to Democracy*）、首任捷克共和國總統瓦茨拉夫・哈維爾（Václav Havel）的《無權力者的權力》（*The Power of the Powerless*）等，如何對抗獨裁體制的相關書籍。

在這個空間裡，書與書之間會相互共鳴，激發出新的靈感。實際上，我也在過程中發掘不少節目企劃。

請在自己喜歡的時候，用自己喜歡的方式重新排列書架，就能創造新邂逅。

雖然是有點宅的樂趣，但我曾多次被「書架」這個靈感泉源所救，相信這是我所擁有的寶貴資產。

先放入幾本書，再慢慢擴充類型，漸漸地，書就會如同大樹一般伸展枝葉，豐富你的書架——這棵名為知識的大樹。

請一定要試試這項樂趣。

透過重讀獲得新發現／

最後一個推薦的「與書長伴學習」的方法，就是「**反覆重讀一本書**」。

我在前面分享了許多重讀一本書的經驗。眺望排列在書架上的書背時，我常不經意地發現「啊，這本書我以前讀過」，此時再把這本書拿起來重讀，隨著年紀增長，也會有不同的發現。

類似的情況多不勝數，其中讓我反覆閱讀、每次都有不同感覺的書，就是安東尼・聖修伯里（Antoine de Saint-Exupéry）的《小王子》（*Le Petit Prince*）。

從小學到大學的閱讀體驗

我在小學時第一次讀到《小王子》，當時讀的應該是適合小朋友閱讀的兒童版本。還記得狐狸有一句名台詞：「真正重要的事情是眼睛看不見的。」我讀到那裡時心想：「眼睛看不見的東西？啊！我知道了，是空氣！」

接下來讀是在國中時，記得故事的開頭讓我有點煩躁。對，就是那個名場面，孩子畫了一隻「吞了大象的蟒蛇」，但是在大人眼裡，那卻是「一頂帽子」，孩子氣呼呼地想：「大人什麼都不懂！」可是，國中的我看見那幅插畫時，心裡的感受也是：「這怎麼看都是帽子啊？根本不可能有人看出來是蟒蛇，這小鬼真討厭！」……是的，我曾是個彆扭的小孩，看完整本書後，心裡想的是：「不像大家說得那麼感動嘛！」反正最後小王子是死是活、到底怎樣了，都跟我沒關係。

接著來到大學，我已度過思春期，交過朋友也談過戀愛，隱約明白了「真正重要的事情是眼睛看不見的」，不過也頂多覺得「這句話寫得真好」，並沒有真的被感動。我想，直到我出社會以後，才把這本書真正「讀進去」。

出社會以後，《小王子》變成截然不同的故事

約莫在我進公司的五年後，我和在外派地點福岡認識的一位好朋友，因為對事情的認知不同而大吵一架。中間我們互傳訊息，兩邊都動了氣，喊著要「絕交」。剛好我差不多要調回東京，心裡想著「以後都不要見面了」。

就在這時，不知怎地，我時隔多年地重讀了《小王子》。

這一次，敲響內心的竟是完全不同的段落──那是小王子跟主角說的，自己與玫瑰的故事。

小王子還住在自己的星球時，曾經愛過一朵玫瑰花，悉心地照料它。但是，當他來到地球之後，發現一樣的花到處都是，自己心中那朵無可取代的美麗花朵，原來是常見的花──小王子為此沮喪。

可是，狐狸來到他身邊，對他說：

「在你看來，我和其他成千上萬的狐狸一模一樣。但是，你若馴養了我，我們

就再也離不開彼此。對我來說，你是世界上的唯一一人；對你來說，我也是世界上絕無僅有的……」[31]

小王子聽了以後，總算明白，自己曾經珍視的那朵玫瑰，和這裡盛開的許多玫瑰完全不同，因為自己曾經小心翼翼地照料過它，兩者之間擁有了關係，所以對自己來說，那朵玫瑰遠比其他玫瑰重要多了。

看到這裡，我突然感到鼻酸，想起和吵架的朋友度過的愉快時光。不再見面意味著什麼呢？我們若是從此分道揚鑣，日後一定會後悔。

然後，我做的事連我自己也嚇一跳——我馬上搭飛機前往福岡。由於我們仍處於絕交狀態，我不確定他肯不肯見我，總之我先去找他，把想見面的事情說清楚。

最後，我們和好了。多虧了《小王子》，我才沒有失去一位重要的朋友。我去找他時，他本來躺在床上睡覺，聽見我的聲音後，默默從棉被裡伸出一隻手，表示要和我握手。我現在仍會想起我們和好的這一幕。

然後，在距今的數年前，公司要在大學生做的免費刊物上進行對談企劃，對談的主題是《小王子》，時隔多年，我再次把書拿來看。這次留下印象的部分又跟上次不同，是小王子提到自己的行星周圍的六顆星球的部分。

這六顆星球上全住著奇怪的大人，有囂張跋扈的國王，還有拚命數著星星的商人，總之，他們的腦袋裡都只裝著自己的事。

從前讀到這裡的時候，我曾嘲笑這些人，直到自己變成大人，才受到當頭棒喝：「我是不是也變成這種大人了？」

其中最令我心驚的，是小王子造訪的最後一顆星球遇見的「地理學家」。這位地理學家正在製作地圖，但他一次也沒實際去過那些地方，都是聽人家說來的，簡直不切實際。我心想：這不就是我嗎？

成為製作人後，跟需要跑現場的工作相比，更多時候我是聽導演報告經過，或是去驗收別人交付的成果，這不就是《小王子》裡的「地理學家」嗎？我看得冷汗直流。

接下來是我個人的解讀，作者安東尼・聖修伯里也是在四十歲後才寫下這部作品，以飛行員來說，已經是衰退的年紀。也許他把自己投射在這六個星球的怪人身上，藉此警惕：「要小心，我的心裡住著這些無聊的大人。」

這也是年輕時讀《小王子》不會產生的體悟。

各位讀到這裡可能想問：「我明白重讀的意義了，請問，我該在什麼時機重讀呢？」「我應該以多久的頻率，在人生當中重讀這些書呢？」

此處沒有正確答案。不過，一再從重讀經驗當中得到收穫的我，可以告訴你一件事。

最好的重讀時機，是你身陷重大危機，或是不得不迎接重大挑戰時。這既是試煉，也是當一個人經過大幅成長後，人生的軌道必須展開分歧的時機。

在這個時間點重讀舊書，就像急著去抓住某樣東西，感受格外清晰，看見的每一字、每一句，都彷彿海綿吸水一般，輕易地滲入心底。我現在才明白，這些重讀體驗，已成為我無可取代的心靈糧食。

因此，不需要刻意安排重讀時機，只需把「**遇到困難，隨時翻開**」這句話悄悄放在心底。

我唯一能給的建議是，倘若遇到「似乎值得重讀」、「雖然現在看不懂，但總覺得寓意深遠」的書，記得**將它放在隨時能看見的位置**，如此一來，當你突然需要它時，便能即時想起。

做好準備後，在你需要的時候，架上的書背就會自動呼喚你過來。

重讀體驗帶你發現新視野

最後再分享一本靜置多年以後，閱讀體驗出現巨大轉變的書，那是精神科醫師——神谷美惠子女士寫的暢銷書《關於活著的意義》（生きがいについて，暫譯）。

初讀本書，也是在大學的時候。按照往例，我在書上劃線、圈起在意之處，註記多數集中在前半本提到的「活著的意義」的種類上，由於這本書的前面是在說明理論，所以也是比較艱深的部分。出社會以後翻開這本書，吸引我的則是後半本關於「活著的意義」的舉例部分。

其中感受最深的，是我邁入四十五歲之後重讀那一次。

當時，我剛被調任到千葉的電視台，那裡的工作固然輕鬆，但我過去一直想做美術節目，所以收到人事令的當下其實相當消沉。我已將近五十歲，身邊的同事開始一個個轉向專門性質高的節目後台，只有我要「打雜」到退休嗎？

加上因為諸多考量，我不得不從東京自宅通勤上班，單程就要花上一小時四十分鐘。每天，我都懷抱鬱悶的心情在電車上搖晃，心裡想著：「真是白白糟蹋時間。」

然後，我同樣在偶然下晃進書店，碰巧看到羅馬哲學家皇帝——馬可・奧理略（*Marcus Aurelius*）的《沉思錄》（*Meditations*）出了新裝版。這是我大學時讀過的書，令我倍感懷念，於是下意識地拿起書，同時看見譯者的名字是「神谷美惠子」，是我大學時常看的書籍作者，因此更起了一股懷念之情。

時隔多年，我突然想重溫《關於活著的意義》，於是翻找自家書櫃，在深處找到這本書。翻開一看，上面寫了滿滿的註記。每當我重讀一次，就會在好奇的地方做記號，所以上面分別有鉛筆、紅筆和螢光筆三種筆跡，以及不同時期累積下來的閱讀註記。

我越看越懷念，直接倚著書櫃就讀了起來，忽然留意到完全沒有寫字的一段文字：

「蟄伏等待遲早會掌握」並非消極姿態。等待是面向未來的姿勢，我們只要面對應該面對的方向就可以了。[32]

此處引用的「蟄伏等待……」，出自十七世紀英國詩人約翰・密爾頓（John Milton）的一段詩句。密爾頓以被譽為英國文學最高峰的巨幅敘事詩《失樂園》（*Paradise Lost*）而聞名，但這本書是在他人生的晚年——邁入六十歲之後才完成的。

密爾頓自幼才華洋溢，十歲起便立志「要當詩人」，但少壯時期積極投入政治活動，忙於撰寫政治論文。也許是疏於照顧視力，密爾頓在四十歲時失明了。

密爾頓曾一度絕望，但最終他站了起來，藉機思考：「我真正想寫的東西到底是什麼？」隨後從政治圈引退，花了將近十年的時間寫下了文學鉅作《失樂園》。

神谷女士在著作裡引述了密爾頓的創作祕辛，描述方式不是「即使失明」，而是「正因為失明，才能創作出這部傑作」。

密爾頓因「失明」而「蟄伏等待」，才能有如挖到地下水脈，一口氣激發出他對詩作的使命感。

「等待」具有創造性

讀到這裡，我恍然大悟，原來「等待」也是一種創作活動。

耳邊彷彿聽見作者神谷女士溫柔地說：「因為現在是蟄伏等待的時機呀，不用急，沒關係。」

我這才明白，是啊，我正在「等待」——這是做準備的時期。轉換心情後，我再也不覺得通勤是在「浪費時間」，我可以趁機充實自我，把想讀的美術和古典書籍都好好讀一讀。

接著，我逐漸發現，就算形式不是「製作節目」，我照樣能實現自己想做的事。於是，我拿出儲備的知識，寫了一本藝術相關的推理小說，並在報名的地方文學獎中得了獎。

正因為我有「等待」的時間，才能完成自己真正想做的事，而非表面的「我想調去喜歡的部門」。

我想，我從前讀的時候，恐怕對「蟄伏等待」的段落毫無共鳴。「等待」一詞對過去的我來說太過負面消極，缺乏吸引力。大概是因為這樣，那本寫得滿滿都是字的書裡，才會只有這段是空白的吧。

各位是否有過久久一次返鄉，突然驚覺故鄉魅力所在的經驗呢？那些從小看到大、看似平凡無奇的風景，其實是由許多人辛勤工作，以及大自然的支撐下才能維護至今，當你發現之後，內心也會深受感動。

重讀一本書所獲得的感動，正如同返鄉。

當你累積了人生經驗，閱讀的視野也會更寬更廣，**能夠讀出之前接收不到的深**

層意義，這便是重讀的價值。

即便是同一本書，在不同的人生階段閱讀，感覺都會因為經驗的累積而有所不同，進入眼裡的字句也會不一樣，這正是「徹底從書中學習」的醍醐味。

專欄 向書請益 5

「如何與負面情緒相處？」

——阿蘭《論幸福》

這本《論幸福》（*Propos sur le Bonheur*）是我重新讀完《關於活著的意義》之後，利用「一小時四十分鐘」的通勤時間看完的書。不僅如此，本書也與我的人生接軌，日後重讀時，為我帶來了新的啟發。

如同前述，當年我被調派到千葉的電視台，還得負責製作電視台的第一個「戲劇節目」，內心其實相當惶恐。

在此之前，我一直都是製作專題節目，製作流程和戲劇節目完全不同。專題節目是從現實當中取材，戲劇節目則要從零開始創作，動員的人數也天差地別。此時我已年近五十，明明活到這把年紀，卻不知道戲劇節目要怎麼做。面對初次挑戰的未知事物，老實說，我很害怕。

我很想逃，但是又不能逃，多麼希望有一本書，能為我打破現狀。當時抱著求救的心情拿起的書，就是《論幸福》。翻開書頁，裡面滿是面對工作應具備的重要心態。

作者阿蘭（Alain）是法國哲學家，這本隨筆集是從他在報紙上的連載專欄集結而成，因此每一篇的篇幅都很短，裡面列出非常多的具體例子，相當好讀。書中提及的每一個例子都值得思考玩味。

我第一個想到的故事是「演奏會前的鋼琴家」。

登台前緊張不已的鋼琴家，在演奏開始後充滿自信地演奏。值得注意的是，他並非用意志力和思考力克服不安。

趕跑不安的是一個動作：實際「彈奏」。一旦開始彈琴，鋼琴家就會忘卻緊張。

也就是說，掌控情緒的方法只有一種，就是實際行動。

這和我的情況類似，所以我也不需要想東想西，直接行動就對了。不要害怕會失敗，先實際動動看，也許不安就會自動消失。

是的，《論幸福》裡也有寫到「不用怕失敗」，用來舉例的故事是「陰沉的獵人與陽光的獵人」。

陰沉的獵人在打獵時沒射中兔子，會氣憤地想「可惡，我沒有天分」，導致一整天的狩獵泡湯。

陽光的獵人會轉念思考「兔子也想活命啊，本來就沒那麼容易射中，我等下次機會吧」，最後非但沒有失敗，還得到大豐收。

我想成為陽光的獵人。

既然我在戲劇領域是外行人，失敗了又有什麼關係？多虧了這本書，我才豁然開朗（最後我克服了所有難關，順利把戲拍完，還得到熱烈迴響。能夠跨越各種危機，全是拜阿蘭所賜）。

除此之外，針對憤怒、沮喪、嫉妒等負面情緒，書中同樣會用舉例的方式教你如何與之相處，內容雖然簡單，但是扎實地建立在笛卡兒和史賓諾沙等哲學家的深邃思想上。

無論是誰，一定都有負面情緒爆炸的時候，此時不妨讀讀這本書。

第五章　引用書目一覧

29.『モモ』（Michael Ende著、大島かおり譯、岩波少年文庫、P23～24）

30.『人生論ノート 他二篇』（三木清著、岸見一郎解説、角川ソフィア文庫、P85～86）

31.『星の王子さま』（Antoine de Saint-Exupéry著、内藤濯譯、岩波少年文庫、P118）

32.『生きがいについて』（神谷美恵子著、柳田邦男解説、みすず書房、P45～46）

後記

製作本書，對我來說具有某種野心。

在我提交這篇後記之前，我甚至沒對我的責任編輯說過，她收到初稿，肯定嚇了一跳吧。

這份野心是：我希望做出一本讓讀者永遠留在手邊的書。

這個野心過於宏大，恐怕沒那麼容易實現。

但是，在我的腦海裡，是一邊設想本書能讓讀者隨時放在手邊，在閱讀不順利時「拿起來讀一下」，並且反覆翻閱的畫面，一邊製作出來的。

我在正文沒有提及：

堪稱「名著」的經典，有幾個「特別困難的關卡」。

常聽登山的朋友說，他們在上山之前，會聽資深前輩分享哪些地段需要格外小心，仔細研擬路線之後才出發，藉此降低失敗機率。

「讀名著」也是大同小異。

其中最知名的險惡路段，就是杜斯妥也夫斯基的《卡拉馬助夫兄弟們》的第二部第六卷——〈俄羅斯的僧侶〉。

此篇的劇情突然脫離主線，講起卡拉馬助夫家中小弟阿萊克謝意的老師——曹西瑪長老的生平，我在這裡三度挑戰、三次失敗。我完全不知道自己在讀什麼，然後便失去了興致。

直到我第四次挑戰此書，才聽一位研究家說：

「有個地方叫『跨越曹西瑪』，這是《卡拉馬助夫兄弟們》裡的知名『難關』，人人都會在這裡跌倒。總之，先別管這裡的劇情和主線有沒有關聯，當作是在讀短篇小說、散個步換換氣。撐過這裡，眼前就會突然大放光明。」

這是他給我的建議。

果真如他所說，跨越了「曹西瑪」，劇情變得高潮迭起、緊張又刺激，讓我一氣呵成讀完。

我不禁想：「啊，如果有人能早點告訴我就好了……」我一直以為「名著」是一種必須獨自完成的困難讀物，完全忘了向其他人尋求建議，對此，我感到可恥又後悔。

日後，當我開始能讀比較艱深厚重的書籍時，便產生了如下想法：「有朝一日，我也要把自己的經驗和讀名著的訣竅跟其他人分享。」藉由本次出書機會，我也趁機圓了夢想。

本書始於我和責任編輯志摩麻衣女士在社群平台交流時，聊著聊著聊出了興趣，她因此向我邀稿。

打從見面之初，她便準備了詳細的出版計畫、同性質的閱讀書單和比較資料給我看，我完全可以感覺到她的出版熱忱，因此受到感動。

不巧的是，當時我已簽下其他書約，兩者無法同時進行，所以我本來考慮婉拒。

這時，我想起負責撰寫《用一百分鐘了解名著》節目官網對談報導的仲藤里美女士，豁出去提案：「我這次沒有時間親自執筆，是否可以讓我用口述的方式，由我信任的寫手彙整成書呢？」

志摩女士聽了爽快答應，敲定本次出書計畫。

所以，我才刻意在後記使用「製作本書」，而非「寫下本書」。

這麼說似乎有些不得體，但是，我跟志摩女士、仲藤女士三人一起口述採訪的現場，簡直宛如大學生的社團聚會，大夥兒興奮地討論校慶要擺什麼攤位、執行什麼企劃。

這些互動，勾起了我的懷念之情。

兩人開心地丟出提案：

「要不要做成這種感覺的書呢？」

「這裡可以寫得更深入！」

每每為我帶來靈感，催生出許多只有我一人絕對想不出的好點子。每當口述採訪結束，我都忍不住期待下次採訪。通常來說，寫作是一段孤獨的旅程，這次的共同合作讓我體驗了參與「校慶活動」般的興奮感受。相信這種愉快的氛圍，也會在書頁當中傳達出來。

誠心感謝兩位的協助。

當然，文責都在我身上。

我也有一絲不安，擔心本書「值不值得陪伴各位一生」。不過，我想這部分就交由讀者自行判斷。

我的願望很簡單。

希望讀到這裡的人，能夠愛上閱讀。

期盼各位今後能邂逅一本本優秀的經典名著，豐富自己的人生。
如果我們有緣見面，請一定要跟我分享心得。

秋滿吉彥

【書末附錄】經典書單

※譯本或有不同，在此提供原書名供參考。

世界文學

「在文學史上寫下重要一筆」的世界名著

法國文學
《小王子》（*Le Petit Prince*）
安東尼・聖修伯里

別說「我看過」，本書需要反覆閱讀，才能讀出層層涵義。請在友誼可能產生危機時想起它。

德國文學
《變形記》（*Die Verwandlung*）
卡夫卡

顫慄的開頭！驚愕的結尾！從頭到尾無法預測的開展，荒誕文學實至名歸的經典代表。

俄羅斯文學
《人依靠什麼而活》（*What Men Live By*）
托爾斯泰

絕佳的托爾斯泰入門書，覺得「《戰爭與和平》太長……」的人一定要試！他的思想全凝聚在這一冊。

美國文學
《老人與海》（*The Old Man and the Sea*）
海明威

海明威藉由老人表現「人類應有的姿態」。這本書是海明威的遺言！

英國文學
《聖誕歌聲》（*A Christmas Carol*）
狄更斯

非常好讀，文學界的娛樂作品非它莫屬！主人翁施顧己壓倒性的存在感，保證令你瞠目結舌。

日本文學

現代人容易產生共鳴的明治、大正、昭和時代作品

《三四郎》
（三四郎）
夏目漱石

入學、轉職、搬家，展開新生活時必讀。和三四郎一起青澀地迎向未知的世界。

《銀河鐵道之夜》
（銀河鉄道の夜）
宮澤賢治

失去摯愛、看見社會黑暗、感受到世間險惡……在這些時刻拿起它，定能照亮心靈。

《春琴抄》
（春琴抄）
谷崎潤一郎

人的心中必然存有「變態的一面」，透過本書，谷崎要人們直視內心。

《奔跑吧梅洛斯》
（走れメロス）
太宰治

讀完後令人深信，每個人的靈魂裡，都有一個默默俯瞰一切、靜候時機成熟的塞里努丟斯。

《壁》
（壁）
安部公房

竟然有這種表現手法？擴大文學可能性的前衛文學里程碑，讀完能與「孤獨」相伴。

世界哲學、思想

可以當成自我啓發類的書來讀，書中富含深意

《論幸福》
（*Propos sur le Bonheur*）
阿蘭

用日常生活來舉例，親切好懂的哲學入門書。帶你實際體驗笛卡兒、史賓諾沙等大哲學家的「情念論」。

《活出意義來》
（*Man's Search for Meaning*）
維克多・弗蘭克

感到困難時必讀！在悲傷、痛苦的谷底，依然發出不朽的光輝。本書帶你一窺何謂人類的堅韌。

《愛的藝術》
（*The Art of Loving*）
埃里希・佛洛姆

「愛是一門技術」——從看似不合理的一行開始，慢慢滲入心中的經典。

《存在主義即人文主義》
（*L'existentialisme est un humanisme*）
沙特

想讓人生更富創造性，或是對自由懷抱恐懼時讀。但是，書中沒有正確答案。

《談談方法》
（*Discours de la méthode*）
笛卡兒

容易想到陰謀論，或是被假資訊弄得暈頭轉向時讀。本書會徹底鍛鍊你的邏輯和思考能力。

日本哲學、思想
本書作者深受啓發的書籍

《茶之書》
（茶の本）
岡倉天心

不只有「茶」，裡頭還有滿滿的超一流製作人企劃術，以及助你突破難關的人生哲學。

《代表的日本人》
（代表的日本人）
內村鑑三

西鄉隆盛、日蓮上人等歷史偉人們的精神傳記。內容並非遙遠的故事，你一定能從一人身上找到強烈共鳴。

《人生論筆記》
（人生論ノート）
三木清

乍看很難懂，但請務必當作解謎來讀讀看。讀懂書中字句的當下，那份感動絕非筆墨能形容。

《關於活著的意義》
（生きがいについて）
神谷美惠子

前半略帶學術性質，中間起就是精采的人生哲學。不妨從感興趣的篇章開始讀，一定能遇到終生受用的段落。

《榮格心理學入門》
（ユング心理学入門）
河合隼雄

已經不是榮格心理學的入門書，裡面全是河合隼雄賭上人生的「心靈哲學」。

Ideaman 160

深讀的技術

原著書名——「名著」の読み方
原出版社——ディスカヴァー トゥエンティワン
作者——秋滿吉彥
譯者——韓宛庭

企劃選書——劉枚瑛
責任編輯——劉枚瑛
版權——吳亭儀、江欣瑜、林易萱
行銷業務——周佑潔、賴玉嵐、賴正祐

總編輯——何宜珍
總經理——彭之琬
事業群總經理——黃淑貞
發行人——何飛鵬
法律顧問——元禾法律事務所 王子文律師
出版——商周出版
台北市104中山區民生東路二段141號9樓
電話：(02) 2500-7008 傳真：(02) 2500-7759
E-mail：bwp.service@cite.com.tw
Blog：http://bwp25007008.pixnet.net./blog
發行——英屬蓋曼群島商家庭傳媒股份有限公司城邦分公司
台北市104中山區民生東路二段141號2樓
書虫客服專線：(02) 2500-7718、(02) 2500-7719
服務時間：週一至週五上午09:30-12:00；下午13:30-17:00
24小時傳真專線：(02) 2500-1990、(02) 2500-1991
劃撥帳號：19863813 戶名：書虫股份有限公司
讀者服務信箱：service@readingclub.com.tw
城邦讀書花園：www.cite.com.tw
香港發行所——城邦（香港）出版集團有限公司
香港九龍九龍城土瓜灣道86號順聯工業大廈6樓A室
電話：(852) 2508-6231 傳真：(852) 2578-9337
E-mail：hkcite@biznetvigator.com
馬新發行所——城邦（馬新）出版集團【Cité (M) Sdn. Bhd】
41, Jalan Radin Anum, Bandar Baru Sri Petaling,
57000 Kuala Lumpur, Malaysia.
電話：(603) 9056-3833 傳真：(603) 9057-6622
E-mail：services@cite.my

美術設計——萬勝安
內頁編排——簡至成
印刷——卡樂彩色製版印刷有限公司
經銷商——聯合發行股份有限公司 電話：(02) 2917-8022 傳真：(02) 2911-0053

2023年11月9日初版
定價380元 Printed in Taiwan
ISBN 978-626-318-825-9
ISBN 978-626-318-848-8 (EPUB)

國家圖書館出版品預行編目(CIP)資料

深讀的技術/秋滿吉彥著；韓宛庭譯. -- 初版. -- 臺北市：商周出版：英屬蓋曼群島商家庭傳媒股份有限公司城邦分公司發行, 民112.11
240面；14.8×21公分. -- (ideaman；160) 譯自：「名著」の読み方 ISBN 978-626-318-825-9(平裝)
1.CST: 讀書法 2.CST: 閱讀指導 019. 112013339

商周出版

廣告回函
北區郵政管理登記證
台北廣字第000791號
郵資已付，免貼郵票

104台北市民生東路二段 141 號 B1

英屬蓋曼群島商家庭傳媒股份有限公司

城邦分公司

請沿虛線對摺，謝謝！

商周出版

書號：BI7160　　書名：深讀的技術　　編碼：

請於此處用膠水黏貼

商周出版

讀者回函卡

線上版讀者回函卡

感謝您購買我們出版的書籍！請費心填寫此回函卡，我們將不定期寄上城邦集團最新的出版訊息。

姓名：＿＿＿＿＿＿＿＿＿＿＿＿＿＿＿＿ 性別：□男 □女

生日：西元＿＿＿＿＿＿年＿＿＿＿＿＿月＿＿＿＿＿＿日

地址：＿＿＿＿＿＿＿＿＿＿＿＿＿＿＿＿＿＿＿＿＿＿＿＿

聯絡電話：＿＿＿＿＿＿＿＿＿＿ 傳真：＿＿＿＿＿＿＿＿＿＿

E-mail ：

學歷：□ 1. 小學 □ 2. 國中 □ 3. 高中 □ 4. 大學 □ 5. 研究所以上

職業：□ 1. 學生 □ 2. 軍公教 □ 3. 服務 □ 4. 金融 □ 5. 製造 □ 6. 資訊

□ 7. 傳播 □ 8. 自由業 □ 9. 農漁牧 □ 10. 家管 □ 11. 退休

□ 12. 其他＿＿＿＿＿＿＿＿＿＿＿＿＿＿＿＿＿＿＿＿

您從何種方式得知本書消息？

□ 1. 書店 □ 2. 網路 □ 3. 報紙 □ 4. 雜誌 □ 5. 廣播 □ 6. 電視

□ 7. 親友推薦 □ 8. 其他＿＿＿＿＿＿＿＿＿＿＿＿＿＿

您通常以何種方式購書？

□ 1. 書店 □ 2. 網路 □ 3. 傳真訂購 □ 4. 郵局劃撥 □ 5. 其他＿＿＿＿

您喜歡閱讀那些類別的書籍？

□ 1. 財經商業 □ 2. 自然科學 □ 3. 歷史 □ 4. 法律 □ 5. 文學

□ 6. 休閒旅遊 □ 7. 小說 □ 8. 人物傳記 □ 9. 生活、勵志 □ 10. 其他

對我們的建議：＿＿＿＿＿＿＿＿＿＿＿＿＿＿＿＿＿＿＿＿＿＿＿＿

＿＿＿＿＿＿＿＿＿＿＿＿＿＿＿＿＿＿＿＿＿＿＿＿

＿＿＿＿＿＿＿＿＿＿＿＿＿＿＿＿＿＿＿＿＿＿＿＿

請於此處用膠水黏貼

Idea man

Idea
man

Idea man